“现代服务业支撑龙江振兴发展研究”（项目编号：hx2016001）
哈尔滨商业大学学科建设项目

经济管理学术文库·经济类

生产性服务业与制造业耦合式发展研究
——以黑龙江省为例

Research on the Coupling Development of Producer Services and Manufacturing Industry
—Taking Heilongjiang Province as an Example

宋德军／著

经济管理出版社
ECONOMY & MANAGEMENT PUBLISHING HOUSE

图书在版编目（CIP）数据

生产性服务业与制造业耦合式发展研究：以黑龙江省为例/宋德军著．—北京：经济管理出版社，2018.5

ISBN 978－7－5096－5770－6

Ⅰ.①生…　Ⅱ.①宋…　Ⅲ.①生产服务—服务业—产业发展—关系—制造工业—产业发展—研究—黑龙江省　Ⅳ.①F719②F426.4

中国版本图书馆 CIP 数据核字(2018)第 086943 号

组稿编辑：张巧梅
责任编辑：张巧梅
责任印制：黄章平
责任校对：赵天宇

出版发行：经济管理出版社
（北京市海淀区北蜂窝 8 号中雅大厦 A 座 11 层　100038）
网　　址：www. E－mp. com. cn
电　　话：（010）51915602
印　　刷：北京玺诚印务有限公司
经　　销：新华书店
开　　本：720mm×1000mm/16
印　　张：11.5
字　　数：187 千字
版　　次：2018 年 6 月第 1 版　　2018 年 6 月第 1 次印刷
书　　号：ISBN 978－7－5096－5770－6
定　　价：68.00 元

前　言

经济越发达，服务业尤其生产性服务业所占比重就越高，这是全球生产性服务业发展的主要特征。西方发达国家的服务业占到 GDP 的 70%，与此同时，它的生产性服务业又占服务业的 70%。比如德国，它的生产性服务业占服务业的 45% ~50%。当前，世界主要发达国家的产业结构均呈现由"工业型经济"向"服务型经济"转型的总趋势。而随着互联网、物联网、大数据、云计算等新一代信息技术的发展，以互联网和相关服务业为主体的新兴服务业，成为此轮生产性服务业高增长的"领头羊"，催生了跨境电子商务、城市配送物流、互联网金融、航运金融、数字会展等一批新业态。互联网时代，"跨界"是潮流。近年来，生产性服务业与制造业的跨界融合发展趋势越来越明显，并成为带动生产性服务业加快发展的新趋势。一方面，制造业服务化的趋势进一步加强，许多交通、电气、装备制造等领域的制造业企业不断剥离制造环节，将业务重点转向服务环节。另一方面，生产性服务业与制造业跨组织融合发展，服务分包、众包模式，创新业务模式纷纷涌现。在此背景下，制造业作为我国国民经济支柱产业将发挥更大的主导作用。同时，随着社会分工日益专业化，广泛覆盖金融、研发、物流、信息等领域的生产性服务业也逐渐从制造业剥离，成为促进工业技术进步、支撑产业结构转型升级和创新的关键环节。当前，生产性服务业与制造业的协同发展，既体现在专业化分工所致的相互剥离上，又展现为差异化优势驱动的相互融合。尽管黑龙江省是制造大省份，但与之相配套的生产性服务业仍不发达，而且中低端制造业去产能进程和智能化转型缓慢，成为阻碍黑龙江省产业结构优化升级、走向制造强省的突出短板。因此，需要切实研究科学有效的措施，推动形成生产性服务业与制造业耦合发展的新模式，助力经济新常态发展。东北老工业基地经济步入结构调整的攻坚期和转型升级的阵痛期，经济增速回落，结构性矛盾日益凸显，面对新一轮东北老工业基地振兴周期的到来，迫切需要一个突破口来推动产业转型升级和经济健康发展。从目前经济发展变化趋势看，生产性服务业与制造业供需耦合式发展是提振黑龙江省经济的一个重要途径。

从经济发展规律来看，制造业与生产性服务业是一种耦合式的发展关系，具有共生的协同进化系统，相互驱动，互为因果，既有独立的次级系统的自组织演进，又有相互间供需系统结构的耦合与平衡，同时受环境等子系统的影响，两者耦合效应远比现在理解的要复杂；耦合机制应该是由多种要素通过多重因果反馈形成的复杂网络，市场机制和政府行为的多重作用，主体之间，主体与环境、政策、制度之间是相互驱动、相互激励的。课题突破传统研究固有模式的内在局限，以供给侧改革为背景，以供需耦合为切入点，以制度研究为关节点，建立供需耦合与产业间失衡的内在逻辑框架，对产业间非均衡发展做新的诠释，将开创新的研究范式与视角，也将丰富产业协调、产业价值链以及供给侧等理论。

供给侧改革落实到制造业，就是要加快制造业创新，提供高品质的产品和服务，扩大有效供给，增强供给结构对需求变化的适应性和灵活性，从而解决制造业产能过剩、有效供给不足等问题。大力发展生产性服务业，实现生产性服务业和制造业联动发展，是推进制造业供给侧改革的客观需要，也是提高制造业创新能力和核心竞争力，以及推动制造业转型升级的关键举措。

东北老工业基地占主导地位的传统制造业不但比较优势正逐渐消失，而且面临资源、制度和创新等诸多制约因素，制造业迫切需要借助供给侧改革的契机，大力拓展生产性服务业和制造业联动发展的潜在优势，促进制造业要素投入结构改善、推动制造业向全球价值链高端攀升，实现要素最优配置，促进全要素生产率增长，推进经济转型和产业结构升级。

目　录

第一章　生产性服务业的形成与发展

从经济学的角度来看，生产性服务业的形成和发展是建立在成本优势基础上的专业化分工的深化，以及企业外包活动的发展。如果将企业视为一个生产函数，那么企业需要组织多种要素，如劳动力、资本、技术、管理等，才能够生产出产品或者提供服务。同时，企业又必须寻求成本的最小化，即通过获得成本优势来赢得市场优势。

在具体生产过程中，企业需要对各种生产要素做出“做”或“买”的决定，即无论是在企业内部生产还是从外部市场上采购，这一决定将直接影响到企业的成本结构、制造方式、组织结构以及区位选择。对于企业而言，如果外部组织能够做得更有效率，同时成本更低，那么此项活动就应该由外部组织来完成；反之，如果企业自身能够做得更好，则应该选择自己做。科斯在《企业的性质》一书中就曾探讨过企业和市场的边界，并引入了交易费用这个概念，来对企业内部化和外部化的活动进行解释。科斯认为，伴随着社会分工的深化，产品制造商和服务提供商之间的交易数量将会扩大，只要劳动分工的边际收益大于交易费用的边际增长，那么劳动分工就会进一步细化，同时还会促进制造业生产效率的提升。

如果我们进一步将内部化—外部化的概念引入，就可以发现，事实上生产性服务业的发展本身就是内部化—外部化活动特征变迁的过程。生产性服务业可分为以下三个发展阶段：一是种子期。在种子期内，制造业企业所需要的各种生产性服务基本上是由企业内部提供的，还没有形成一个外部的生产性服务市场，但是，知识密集型和创新型的制造业企业已经对生产性服务产生了极大的需求。二是成长期。在成长期内，外部的生产性服务市场逐步形成，制造企业的内部活动逐步开始外部化，同时，外部生产性服务供应者之间的竞争也开始表现出来。该阶段对生产性服务业的需求不仅有知识密集型和创新型的制造企业，还有知识密集和创新程度相对较低的一般性制造企业。需要注意的是，成长期生产性服务业的发展又表现为两类特征：一类是成本驱动的成长模式，主要是指那些标准化和日常性的生产性服务业；另一类是差异化驱动的成长模式，主要是指信息和知识密集型的生产性服务业。三是成熟期。成熟期生产性服务业的市场细分程度更高，服务的专业化水平也更高，既有标准化的服务，也有定制化和创新型的服务。

一、生产性服务业的概念、分类与特征

（一）生产性服务业的概念与分类

1966 年美国经济学家格林福尔德在研究服务业及其分类时，最早提出了生产性服务业（Producer Services）的概念。

1975 年美国经济学家布朗宁和辛格曼对生产性服务业进行了进一步的界定，认为生产性服务业是指为保持工业生产过程的连续性、促进工业技术进步、产业升级和提高生产效率、提供保障服务的服务行业，包括金融、保险、法律工商服务等具有知识密集和为客户提供专门性服务的行业。它是与制造业直接相关的配套服务业，是从制造业内部生产服务部门独立发展起来的新兴产业。

Hubbard 和 Nutter（1982）、Daniels（1985）等，认为服务业可分为生产性服务业和消费性服务业，认为生产性服务业的专业领域是消费性服务业以外的服务领域，并将货物储存与分配、办公清洁和安全服务也包括在内。

Howells 和 Green（1986）认为生产性服务业包括保险、银行、金融和其他商业服务业，如广告和市场研究，以及职业和科学服务，如会计、法律服务、研究与开发等为其他公司提供的服务。

香港贸易发展局认为生产性服务包括专业服务、信息和中介服务、金融保险服务以及与贸易相关的服务。

我国政府在《国民经济和社会发展第十一个五年规划纲要》（以下简称《十

一五纲要》）中将生产性服务业分为交通运输业、现代物流业、金融服务业、信息服务业和商务服务业。以上是一些学者和机构从服务活动的角度对生产性服务业的认识。

还有一些学者和机构从服务功能的角度对生产性服务业进行了定义。Gruble和 Walker（1989）、Coffer（2000）认为生产性服务业不是直接用来消费的，也不是直接可以产生效用的，它是一种中间投入而非最终产出，它扮演着一个中间连接的重要角色，用来生产其他的产品或服务。同时，他们还进一步指出，这些生产者大部分使用人力资本和知识资本作为主要的投入，因而他们的产出包含大量的人力资本和知识资本的服务，生产性服务能够促进生产专业化，扩大资本和知识密集型生产，从而提高劳动与其他生产要素的生产率。

目前，国内外理论界对生产性服务业还没有统一的界定标准，但对生产性服务业的内涵已达成了一些共识，即生产性服务业是为其他产业生产商品和服务而非直接向个体消费者提供服务的产业，是随着社会分工的进一步细化而从生产企业内部职能中分离出来的新兴产业。迄今为止，国内外关于生产性服务业的定义与分类还不完全一致，特别是与消费者服务常有交叉，如金融服务业，既有面向企业信贷的生产性服务的一面，又有面向居民储蓄的消费性服务的一面，关键看面向的服务对象是谁。

虽然世界各国对生产性服务业的分类标准还不统一，但普遍认为交通运输、现代物流、金融服务、技术研究与开发、信息服务和商务服务等行业是构成生产性服务业的主体。国家统计局将生产性服务业分为交通运输、房地产服务、商务服务、金融服务、信息服务和科研六个行业。《国民经济和社会发展第十一个五年规划纲要》中将生产性服务业分为交通运输、现代物流、金融服务、信息服务和商务服务等。《北京市“十一五”时期服务业发展规划》提出了北京发展生产性服务业主要包括金融业、信息服务业、科技服务业、现代物流、商务服务业和会展业。

总体来说，生产性服务业是指为保持工业生产过程的连续性、促进工业技术进步、产业升级和提高生产效率、提供保障服务的服务行业。它是与制造业直接相关的配套服务业，是从制造业内部生产服务部门独立发展起来的新兴产业，本身并不向消费者提供直接的、独立的服务。它依附于制造业企业而存在，贯穿于企业生产的上游（如可行性研究、风险资本、产品概念设计、市场研究等）、中游（如质量控制、会计、人事管理、法律、保险等）和下游（如广告、物流、销售、人员培训等）诸环节中，以人力资本和知识资本作为主要投入品，把日益专业化的人力资本和知识资本引进制造业，是第二、第三产业加速融合的关键环节。主要包括信息服务、金融保险、商务服务、科技服务、现代物流等（见表1－1）。生产性服务也可理解为服务生产的外部化或市场化，即企业内部的生产服务部门从企业分离和独立出去的发展趋势，其分离和独立的目的是降低生产成本，提高生产效率，提高企业经营的专业化程度。

表1－1　生产性服务业行业分类

产业大类	细分领域
信息传输、计算机服务和软件业	软件、电信和其他信息传输服务、计算机服务、互联网信息、广播电视、移动增值、数字音视频等
金融业	银行、证券、保险、信托、典当、担保、其他金融活动
商务服务和租赁业	企业管理、会计、法律、咨询、调查、广告、知识产权服务、会展等
科学研究、技术服务和地质勘察业	研究与试验、专业技术服务、科技交流与推广、科技中介服务、地质勘察业
交通运输、仓储和邮政业	货物运输、仓储、邮政

（二）生产性服务业的主要特征

生产性服务无论是“内化”服务，即企业内部提供的服务，还是“独立”服务，即从企业外部购买的服务，都已经形成了生产者所生产的产品差异和增值的主要源泉，与消费者服务业相比，生产性服务业是一种高智力、高集聚、高成长、高辐射、高就业的现代服务产业，它具有以下几方面的特征：

一是融合性。生产性服务业是社会化分工的结果，它依附于制造业，贯穿于企业生产的上游、中游和下游的各个环节中，生产性服务业和制造业的融合不断加强，在制造业的产前、产中及产后服务中起着增加价值、实现价值的重要作用。同时，生产性服务业内部的行业融合特征也较为明显，并产生出许多新业态。如数字内容是将图像、文字、影像、语言等内容，运用数字化高技术和信息技术进行整合的服务，它横跨通信、网络、媒体及传统文化艺术等各个行业，是服务业行业融合的产物。

二是关联性。从产业关联效果看，生产性服务业是为生产者提供服务投入的行业，与其他产业关联效果大。在整个产业链中，上下游各种服务相互关联，相互依存，服务提供与客户消费密不可分。生产性服务业的发展既降低了企业的生产经营成本，又使得敏捷制造、零库存、虚拟企业成为可能，是经济发展所不可或缺的。

三是知识性。生产性服务业以先进科技、专业人才为主要生产要素，其技术和知识含量较高。软件、信息传输、研发等行业的服务过程和服务活动以脑力劳动和智力型服务为基础，以现代高技术特别是信息技术为重要支撑，以知识的生产、应用和传播为服务业过程，注重以知识提高服务的科技含量，具有高知识和技术密集度的特征。如研发服务业就是运用各种科学技术进行研发创新，并为其他行业提供研发成果。

四是创新性。生产性服务业是高技术和新产品研发的重要推动力，能够对制造业的技术变革和产品创新起到引导作用。创新才能生存，激烈的市场竞争推动了制造型企业向服务型企业的转型。例如，IBM 由制造大型机转向 IC 设计服务业和更大范围内的全球 IT 服务业，成为“服务业和制造业一体化的企业”；通用电器（GE）通过发展金融业为其客户提供贷款等金融服务来不断提高产品销量；等等。生产性服务业是整个经济中最为活跃、创新能量最为强劲的一部分。

五是价值增值性。通过发展生产性服务业，不断深化专业分工，从而有效降低单位能耗和资源消耗、制造业的交易与营运成本。通过嵌入高级生产服务元素，变革“制造服务化”和“服务型制造”模式，促进生产环节向高附加值的两端延伸，从而更好地满足消费者的个性化需求，增强企业的盈利能力。

六是要素密集型。通过改变投入方式，即更多地依赖研发设计、第三方物流、融资租赁、信息技术服务等服务要素为生产的中间投入，有效地促进生产专业化，扩大资本和知识密集型生产，从而提高劳动生产率。

二、不同经济发展阶段生产性服务业的发展特点

一般来讲，在初级产品生产阶段，以发展住宿、餐饮等个人和家庭服务等传统生活性服务业为主；在工业化社会，与商品生产有关的生产性服务迅速发展。生产性服务业作为现代经济发展水平的一个重要标志产业，是经济发展阶段的产物。国际经验表明，制造业发展到一定阶段后，其附加值和市场竞争力的提升更多的是靠生产性服务业的支撑。制造业对服务业有着越来越大的需求。伴随着制造业的“服务化”，生产性服务得以迅速发展。不同经济发展阶段，生产性服务业的发展特点以及在经济发展中的作用也有所不同。

工业化初期阶段。从全球工业发展历史看，在工业化初期阶段，制造业是产业的主体，制造业企业进行工业生产的过程中所需要的各种生产性服务大部分由企业内部提供，生产性服务业主要以交通、运输、邮电等行业为主，这些生产性服务业能够为工业生产提供必要的辅助服务。

工业化中期阶段。进入工业化中期阶段后，制造业迅速发展，知识密集型和技术密集型制造企业生产的中间环节，对从事工业产前、产中和产后服务的生产性服务业提出了更广泛的需求。这一阶段，除交通、运输和邮电等行业进一步发展外，金融、保险和物流等生产性服务业得到了较快的发展。生产性服务业对制造业的迅猛发展和工业化进程的加快起到了非常重要的促进作用。

工业化后期阶段。随着制造业企业规模的扩大、国际市场竞争加剧，特别是高新技术的发展，企业内部的服务项目不断分离出来，广告、咨询调查、中介、营销等商务服务业发展较快。同时，生产性服务业的内部结构调整加快，研发设计、电子商务、移动增值等一些新型业态开始出现并迅速发展。

后工业化社会阶段。在后工业化社会，高技术产业成为主要的支撑产业，经济由制造业经济转向服务业经济，服务经济全面发展并日趋成熟，生产性服务业成为经济发展的主导，逐步向服务化社会迈进。这一时期，金融保险、商务服务等行业得到进一步的发展，科技研发、信息服务、教育培训等现代知识型服务业加快崛起为主流业态，而且发展前景广阔、潜力巨大。生产性服务业成为后工业

化社会经济发展的主导。

三、生产性服务业发展趋势

1. 工业生产性服务业发展规模日益壮大

近10年来，工业生产性服务业是世界经济中增长幅度最快的行业，它已经成为外国投资的重点。以OECD国家为例，外国直接投资中服务业投资的总额明显高于制造业投资的总额，且主要集中在金融、商务服务、工业信息服务业中。据《2002年世界投资报告》，2001年，美国吸收的外国直接投资中有1/3投向了金融保险领域；欧盟吸收的外国直接投资业主要集中在公共服务、媒体、金融等领域；日本跨国公司在英国的投资50%以上集中在金融保险部门。几乎在所有国家，其服务业的表现都能影响经济增长的快慢，由于具有广泛的关联效应，更有效的服务业（金融、通信、国内运输和专业服务）可以提高整体经济绩效，这些行业共同发挥作用，对提高国内生产率至关重要。发达国家的经济主体已经从原来的制造业转换为服务业，其工业生产性服务业的增长远远超出服务业的平均增长水平，发展速度非常引人注目。在OECD国家中，金融、保险、房地产及经营服务等生产性服务行业的增加值占国内生产总值的比重均超过了1/3。

行业专家预计，工业生产性服务业在未来几年中将继续保持强劲的发展势头。以信息服务业为例，2001年，普华永道的信息技术咨询和服务的收入超过90亿美元；在德勤的咨询业务总体收入中，1/5来自信息技术咨询业务；在毕马威咨询公司，信息技术咨询业务创造的收入已超过总收入的50%。新近汇总的“世界信息服务业销售额调查”结果显示，2002年世界信息服务行业销售总额为5362亿美元，比上年减少了0.6%，为实施世界信息服务业销售额调查以来的首次下跌。但是，根据美国高科技市场调查公司——Gartner公司公布的一份市场研究报告，世界信息技术服务业在2002年跌入低谷后，可望在2003年开始缓慢复苏，公司预计，2003年世界信息技术服务业的收入仍将增长3.5%，达到5550亿美元。北美仍是世界最大的信息技术服务市场，其收入将达2615亿美元，占全球市场的47%；西欧市场规模将达1603亿美元，占全球市场的29%；日本的信息技术服务市场规模为701亿美元，占全球市场的12.6%；亚太地区（不包括日本）的市场规模将增长到308亿美元，占5.5%。报告同时指出，全球信息技术服务业在2004年将继续复苏，市场规模将进一步扩大到5840亿美元。同时根据IDC的统计报告，至2005年，全球信息技术服务总体市场规模将达到7000亿美元，其中信息技术咨询服务将占到50%。

2. 工业生产性服务业和制造业的关系日趋紧密

制造业的国际营销网络的形成就是聚集营销人才进行产品研发、产品运输与储存、广告、保险、会计和法律服务等开发市场的过程，在这一过程的每一环节都伴生服务需求。换句话说，工业生产性服务业和制造业的关系正在变得越来越密切，其主要表现是制造业的中间投入中服务的投入大量增加。在近10年间，多数OECD国家产品生产中的投入发生了变化，服务投入增长速度快于实物投入增长速度，同时，工业生产性服务业和某些经济活动特别是制造业的界线越来越模糊，经济活动已由以制造为中心转向为以服务为中心，最为明显的是通信产品。同时，某些信息产品也可以像制造业一样进行批量生产。另外，制造业部门的功能也日趋服务化，主要表现为：一是该制造业部门的产品是为了提供某种服务而生产的，例如通信和家电产品。二是随产品一同售出的有知识和技术服务。三是服务引导制造业部门的技术变革和产品创新。在激烈的市场竞争环境下，像以往那样通过提供某种产品而在市场上占据主动获得大量利润的情况，已经很难出现，许多跨国企业已经认识到保持企业原有的高额利润率只有向服务型企业转型。近几年来，许多原有的制造型企业通过大规模的进入或兼并工业生产性服务业来整合原有的业务，如GE通过进入金融业为其客户提供贷款，来刺激其产品的销售；HP公司通过兼并服务性企业，从而能够为客户提供从硬件到软件，从销售到咨询的全套服务；IBM公司在20世纪90年代成功地由制造型企业转型为服务型企业等均有力地说明了工业生产性服务业与传统制造业的关系。

3. 工业生产性服务业的服务方式呈现虚拟化、网络化、外包化的趋势

信息技术的发展使工业生产性服务业的虚拟化、网络化成为可能，这种服务方式也日益凸显其优越性，促进企业智能化水平明显提高。在一个虚拟化的框架之中，高效地“整合”或“疏散”传统上认为的“内力”和“外力”资源，并让这些相关联的结构性要素发挥市场价值，充分体现企业的现有优势。

另外，企业要充分发挥核心竞争力，就必须把自己所不擅长的那部分业务外包出去从而更加聚焦于自己的核心业务，而相关的专业外包公司也能提供更加专业、优良的服务，降低企业的成本，这是一个双赢的局面。如美国著名的Nike公司，自己只生产其中最为关键的耐克鞋的气垫系统，而其余全部业务几乎都由外部公司制造提供。凭借其独特的设计能力，耐克公司将主要精力集中于新产品的研发和市场营销上，在全球范围制造和销售Nike牌运动鞋，其产值以20%的年递增率增长，在过去的7～8年，耐克公司为股东赚取了超过30%的利润。

1989年柯达公司把IT部门卖给IBM的决定，开创了巨型公司IT部门外包的先河，而双方签订的长达10年的合同似乎也暗示，在此类外包业务中，服务商持久的生命力和强势品牌的稳定表现，在客户方的外包决策中具有不可忽视的影响力。就在不久前，惠普发布的高达30亿美元合同金额的宝洁公司的IT外包订单和诺基亚外包订单，也说明了服务外包化这一趋势日益流行。2002年IBM成功并购普华永道，正是基于这一背景做出的决策，同时IBM也是全球最大的外包公司，其外包业务从1993年的“0”到现在的差不多200亿美元。

美国采购协会（APS）1997年的调查表明，年收入在8000万美元以上的公司外部采购服务增加了26%，信息技术服务的外部采购占全部外采费用的30%，人力资源服务占16%，市场和销售服务占14%，金融服务占11%。在欧洲，信息技术服务的外部采购也是增长最快的，主要国家有英国、法国和意大利。在日本，通商产业省（MITI）在1997年的调查表明，工作培训（占20.1%）、信息系统（占19.7%）、生产方法（占17.4%）、会计和税收（占14.0%）、研发（占13.7%）等服务项目是外采的主要项目。

同时，根据IDC公司的预测，包括人力资源、后勤、采购、工程、营销和销售功能的业务流程外包市场到2006年收入将达到1.2万亿美元，该市场2002年的收入是7120亿美元。由于美国在这一市场处于领先地位，美国将占全球业务流程外包市场60%的份额。

4. 工业生产性服务业逐渐形成完整的产业链

近几十年来，工业生产性服务业在发达国家得到充分的发展，逐渐形成了一个完整的产业链，这条产业链能够为企业提供从产品立项到产品营销与服务的全方位支持。无论是诸如 IBM、HP 等大公司的成功转型，还是小型企业的异军突起，都必须在这条产业链中找到适合自身发展的位置。工业生产性服务业作为货物生产或其他服务的投入而发挥着中间功能，它们提高了生产过程不同阶段的产出价值和运行效率，被定义在包括上游（如可行性研究、风险资本、产品概念设计、市场研究等）、中游（如质量控制、会计、人事管理、法律、保险等）和下游的活动（如广告、物流、销售、人员培训等）。换句话说，工业生产性服务业贯穿于生产、流通、分配、消费等社会再生产环节之中。一个生产企业在世界市场上保持竞争地位的关键是保持“上游”“中游”和“下游”三个阶段的服务优势，因为贯穿于生产三个阶段的服务在产品价值链中开始胜过物质生产阶段。生产性服务无论是“内化”服务（即企业内部提供的服务），还是“独立”服务（从企业外部购买的服务），都已经形成了生产者所生产产品的差异和增值的主要源泉。这条完整的产业链已经成为发达国家市场经济非常必要的发展软环境，工业生产性服务业成为市场资源强大的调配器。

四、从国际比较看中国生产性服务业的发展特征

1. 批发零售、住宿餐饮等相对低端的服务业中间需求率较高

按照中间需求率大于 50% 的标准来看，美国服务业中的租赁业、交通运输仓储业、专业和商业服务业、金融保险业这 4 类行业的中间需求率一直保持在 50% 以上，是典型的生产性服务业。信息服务业的中间需求率也较高，尤其是在 20 世纪八九十年代中间需求率有明显上升，目前略低于 50%，其中主要是信息和数据处理这个子行业中间需求率较高，在 80% ~90%。中美两国不同之处在于，中国的批发零售业、住宿餐饮业的中间需求率相对较高。如果进一步对比一些典型的发达国家和发展中国家，可以发现发展中国家的批发零售业、住宿餐饮业的中间需求率相对偏高，表明发展中国家的这两个产业用作生产资料的比例越高，这也反映出由于经济发展水平不同、产业结构不同，发展中国家生产中会有更多相对更低端的服务业用于中间投入。

2. 生产性服务业在国民经济中的占比总体呈现上升趋势，但金融业占比明显偏高，商务服务和科研技术服务占比明显偏低

根据前述标准，我们定义交通运输仓储、金融业、租赁和商务服务、科学研究和技术服务这 4 个行业为生产性服务业，考虑到中国等发展中国家的情况，同时将批发和零售业纳入分析。我国生产性服务业的占比总体呈现上升趋势，表明其增速较快，要快于第三产业和 GDP 的增长速度。在第三产业中，我国生产性服务业的占比较高，达到 30% 以上，甚至要略高于美国。但是由于我国仍处于工业化发展阶段，服务业在国民经济中的占比仍相对较低，生产性服务业在 GDP 中的占比仍要低于美国。从生产性服务业的行业结构看，美国生产性服务业占比上升较快主要是由于专业和商业服务业在 20 世纪 80 年代后呈现明显的加快发展趋势。而我国金融业占比明显提高，在第三产业中的占比已超过 15%，且高于美国 9% 左右的水平，而租赁和商务服务、科研技术服务和地质勘查业的合计占比仅为 9% 左右，远低于美国 17% 左右的水平。

3. 生产性服务业劳动生产率相对较高，有助于带动服务业和国民经济生产率的提升

由于中国缺乏各行业就业人员数据，我们无法得到各细分行业的劳动生产率。但从美国的经验看，生产性服务业的劳动生产率往往要高于其他服务业，其较快发展能带动服务业整体生产率的提高。同时，与批发零售、住宿餐饮等其他服务业相比，专业和商业服务、金融保险、租赁等行业往往处于产业链附加值高端，要求更加专业化、技术化的人才等资源，也是降低交易成本、实现产品增值、促进创新活动的重要行业。

五、我国生产性服务业发展的机遇

当前，我国经济增长由高速转为中高速，逐步从工业主导迈向服务业主导，在为生产性服务业发展带来良好环境的同时，也显露出相对滞后的矛盾现状，可谓机遇与挑战并存。

1. 发展机遇

党的十八大以来，生产性服务业发展环境不断优化，习近平总书记指出，“要加快调整优化经济结构，推动提质增效升级，加快发展生产性服务业”。当前，生产性服务业发展面临着三大机遇。

一是推进“一带一路”带来的功能红利。“一带一路”倡议是党中央、国务院统筹国内国际两个大局做出的重大决策，有利于我国在更大范围内实现资源优化配置、拓展市场空间。目前，亚投行意向创始成员国已经达到57个，其中，基础设施互联互通是优先建设领域，如在交通方面，打通缺失路段，提升道路通达水平；在能源方面，推进跨境电力与输电通道建设；在通信方面，推动跨境光缆等通信干线网络建设。这些都将加快传统制造业深化专业分工以及技术改造的进程，进而带动仓储物流、创意科技等生产性服务业发展。同时，“一带一路”推动电子商务在促进产销衔接、倒逼农业标准化和质量安全可追溯等方面渐显优势。

二是实施“中国制造2025”带来的战略红利。为应对新一轮科技革命和产业变革，李克强总理在2015年政府工作报告中提出了“实施‘中国制造2025’”，围绕创新驱动、智能转型、强化基础、绿色发展、人才为本等关键环节，以及先进制造、高端装备等重点领域，加快制造业转型升级。发展服务性制造业和生产性服务业作为规划纲要中九大战略重点和任务之一，不仅可以使工业企业提高产品附加值，实现转型升级，更将促进生产性服务业与制造业融合发展，而提升制造业层次和核心竞争力是衍生壮大生产性服务业的重要机遇。

三是顶层设计带来的政策红利。2014年7月，国务院印发了《关于加快发展生产性服务业促进产业结构调整升级的指导意见》，明确现阶段生产性服务业重点发展研发设计、第三方物流、融资租赁、信息技术服务、节能环保服务、检验检测认证、电子商务、商务咨询、服务外包、售后服务、人力资源服务和品牌建设，并提出了发展的主要任务。据国家税务总局统计，2015年第一季度第三产业税收增幅高于第二产业1.6个百分点，第三产业贡献税收占比达53.7%，比上年同期提高0.4个百分点。良好的发展环境和政策优势使生产性服务业对国民经济的带动和支撑作用明显增强，并成为新的经济增长点。

2. 制约因素

目前我国生产性服务业发展还存在诸多问题，主要有以下三点：

一是多数企业生产性服务有效需求不足。长期以来，我国城市化进程的相对滞后和制造业布局的相对分散，弱化了对生产性服务的中间需求，加上服务外包费用偏高、社会信用体系不健全等因素影响，造成企业在原料采购、生产制造加工、产品销售网络上自成体系，大量生产企业的低端服务活动仍选择在企业内部消化完成，“大而全”“小而全”的发展模式依然如旧。

二是土地、人才、资金等要素匮乏。与传统服务业相比，生产性服务业对人力、物力资本有着更高层次的依赖。在土地方面，生产性服务业用地大多属于商业用地，取得项目用地较为困难；在人才方面，新兴生产性服务业是知识密集型产业，在科技研发、技术推广、信息技术、电子商务等领域，更需要高端人才支撑；在资金方面，生产性服务企业以无形服务为主，缺少可供抵押的固定资产，造成了融资困难。

三是同质竞争激烈。当前，各地都把加快发展现代服务业特别是生产性服务业作为经济转型的重要抓手，不断加大招商引资力度。同时，作为各城市互设壁垒、低效率同质化竞争的制度基础，分税的财税体系并没有明显的改变，也出现了低水平重复建设、过度竞争和资源浪费，降低了服务业增长的集约化程度。

六、我国生产性服务业发展面临的挑战

2016 年，我国服务业增加值为 384221 亿元，占 GDP 比重达 51.6%，对国民经济增长的贡献率为 58.2%，分别比第二产业高出 11.8 个百分点、20.8 个百分点。生产性服务业占服务业的比重已超过 50%，成为服务业增长的一个重要动力。但是，我国生产性服务业发展仍存在着不少瓶颈，需要在诸多方面加快改革。

生产性服务业高端领域、高端环节发展不足，竞争力较弱，功能无法得到充分发挥。我国生产性服务业高端发展能力明显不足。以科技创新能力为例，到 2015 年，我国国家创新能力排名仍居于第 18 位，与我国经济实力、国际地位等

并不相称。又如，跨国公司把高创新率、高附加值和高进入壁垒的核心部件的生产以及一些与生产直接相关的战略性资源（如品牌、文化、科技、金融）保留在发达国家内部，使我国生产性服务业功能无法充分发挥。

一些关键生产性服务业领域市场占有率较低，给国家经济安全带来潜在风险。一些关键性服务领域发展不充分，导致国家经济信息泄露。这使我国在国际竞争中处于被动地位，不利于我国企业从产业链低端向高端迈进，并给我国各个关键产业的基本安全都带来了不利影响。

生产性服务业与其他产业联动不够。生产性服务业与其他产业之间的联系还不够紧密，没有完全切入到生产的各个环节之中。例如，很多设计企业都是以其自身的美学观点为出发点来设计产品，而不是立足于企业的需求。很多研发机构都是从科学原理出发进行研发，而不是从企业所面临的技术问题出发。第三方物流真正能够切入企业供应链提供无缝服务的企业还不多。能够为企业量身打造工业互联网以及工业大数据体系的信息技术服务企业也相当欠缺。

生产性服务业行业整合程度不够。在生产性服务业内部，各个行业之间的整合程度不够。例如，金融业与资信评级行业的整合、科技研发与知识产权行业的整合、技术服务与金融服务的整合等都有待于进一步深化。又如，虽然物流业信息化程度不断提升，但与企业内部的管理信息系统等其他信息技术应用之间的整合程度并不理想，各个业务环节之间的整合程度也仍有待于提升，且与金融等其他行业完全融合互动的集成化运营模式仍发育不充分。

可真正落实和可操作性的生产性服务业发展支持政策有待强化。一是部分生产性服务业垄断严重，如金融、铁路、民航等垄断行业，影响了服务供给和效率。即使通过改革使垄断得以破除，其他竞争者进入的隐性限制仍然存在。二是部分生产性市场准入的门槛还比较高，如节能环保服务、融资租赁等。

第二章　生产性服务业与制造业耦合式发展相关理论和主要体现

一、国内外相关研究的学术史梳理及研究动态

对于传统生产制造行业来说，在供给侧结构性改革的大环境下，一方面要淘汰落后产能和化解产能过剩问题，另一方面则是推进产业转型升级，在转型升级的基础上逐步培育新兴产业继而带来新的质量更高的经济增长点。从本书前期考察来看，东北老工业基地生产性服务业和制造业更多地体现为自我服务和为本行业提供需求，互动性差，存在突出的非均衡和非匹配问题，具有典型性主要原因，既有体制障碍导致生产性服务产品价高质低和供给的无效率，也有东北的特殊经济格局导致制造业产业链延伸不足，无法对生产性服务业形成有效需求，制约了生产性服务业的规模化和专业化发展，也是制约产业结构转型、升级以及经济增长的重要因素，这已引起学界、业界及政府部门共同关注。目前学术研究主要集中在以下三个方面。

1. 生产性服务业与制造业非耦合发展动因分析

（1）对生产性服务业与制造业内在联系和规律把握不准。在微观层面，企业对新竞争格局、商业模式认识不足，缺乏控制能力，影响发展战略和商业机会（Selya，1994；Klodt，2000；黄莉芳，2012）。在宏观层面，不恰当产业政策，如管制新企业进入、特定企业扶持或压制等都会对资源配置造成扭曲，并造成严重的错配（Restuccia，2008；Dicecio，2009；王传荣，2013；唐海英，2017）。

（2）制造业“分工锁定”和“路径依赖”。不仅影响自身发展，也抑制生产

性服务业市场需求与市场空间（Goe，1990；格鲁伯、沃克，1993；程大中，2008；陈国亮，2009；汪本强，2015），区域产业集群配套能力弱，制约生产性服务业跨区流动和外溢功能，产业资源要素配置效率低（Klodt，2000；陈建军，2011；李秉强，2015；张晓冬，2016）。

（3）制造企业生产性服务"内置化"，引致需求不足。抑制生产性服务专业化，压缩其发展空间，进一步限制对制造业的牵引作用，渗透到制造业的过程也较缓慢（Riddle，1986；Porter，1998；陈宪、黄建锋，2004；尹洪涛，2015）。

（4）生产性服务业发展低质化，结构不合理，无法实现"制造外溢效应"和"服务外溢效应"。低端发展过度，而高端发展滞后，与制造企业的服务内置形成一种"低效均衡"状态（Hansen，1990；Park S. H.，1999；高觉民，2011；高寿华、魏艳秋，2017）。

需要指出的是：现有文献很少从两产业内部结构关系方面，特别在要素分配基础上来解释两者供需错配，没有考虑技术能力和成长的周期差异。同时，研究框架中引入很多并不合理的假设，对微观作用机制探讨不足（先验假设扭曲和企业的某种特征存在着一定的关系），引入的制度因素通常被视作一个外生量，也没有深入研究规制效果，这都是本书需要关注的因素。

2. 生产性服务业与制造业协调（耦合）发展评价方法研究

大多是基于产业层面的，主要采用以下方法：

（1）依据不同国家或地区的投入产出表，通过计算产业依赖度、产业关联度等指标测算两者关联性与协调度（SeHark，1994；Antonelli，1998；Cuerrieri-et，2005；高传胜，2007；邱灵，2009；刘书翰，2010），该方法已从实物的投入与需求角度分析两者的产业驱动力，实质上反映了"供给—需求"双向连接的数量协调关系，但需要指出的是：需协调应该具有数量与质量（效率）协调的两个层次，因此还需要以全要素生产率作为质量的共生度指标，同时，也忽略了"投入—产出"关系和企业的"外部性"，而"非耦合"的影响可通过乘数效应在整个产业系统中传递，因此不能完全刻画"非耦合"的全部影响。

（2）通过构建数学模型测度产业发展的协同效应以及匹配度（Karaonrer，1999；Andersson，2004；Hermelni，2007；Olanderal，2008；冯泰文、胡晓鹏，2009，高觉民，2011；孙素侠，2012；张亚军，2014）。考虑到两产业的上下游关系，以及产业方面、空间方面的联系都是即时的、相互的，因此研究采用单立方程回归模型来解释这种关系就有待商榷，同时也无法将两产业置于经济、科技、资源、制度等综合环境下分析。此外，在数学方法方面还停留于以诸多假设为前提的模型，实证较为缺乏，主要是由于针对制度变量、政策变量的衡量发生了困难，但这些非耦合因素往往在实际经济当中具有极为重要的作用。

3. 生产性服务业与制造业耦合式发展路径

根据视角不同，可分为企业、市场、产业与空间等层面研究。耦合发展的动力来源于区域内两产业集聚所产生的“互补效应”、技术驱动、环境推动及运营需求（陈国亮，2009；Ulaga、Reinartz，2011），市场需求、竞争力、研发效率、经济发展水平等是外部条件（顾乃华，2007；杨仁发、Lin，2011；Leiponen，2012；綦良群、王成东，2017）；推进服务业市场化，消除进入壁垒（郑吉昌，2005；高觉民，2011）；促进分工与产业关联，推动制造业服务化进程，优化区域产业布局（吕政，2006；刘继国、李江帆，2007；肖挺，2014）；优化制造业与生产性服务业结构，构建两产业交流合作平台（Sassen，1991；Werner，2003；刘志彪，2008；吉亚辉，2014；夏杰长，2015）；服务外包与商业模式创新，提高企业的自身水平（陈宪，2004；尹洪涛、陈海权，2015；余沛，2017）。另外，Andersson（2006）、Kolko（2010）、李菁菁（2011）等还提出两者空间协调发展等理论。需要指出的是，如何将产业、制度与空间维度纳入一个框架中分析仍有待于深入探讨，“外部性”影响以及两产业发展周期上的差异性也未能充分体现，协同定位效应的微观理论框架中仅考虑了产业间垂直关联的影响，制约了研究的解释力，且造成理论完整度的缺失。政策和采取的措施相对独立且环节单一，缺乏协调性、系统性和针对性，有关政策模拟实验、仿真、实证、建模与验证以及机制设计研究严重不足，尤其是运用数学等模型所得结论与政策措施衔接不足，产业规制与产业发展脱节，这些都将是本书的关注点。

二、生产性服务业与制造业耦合式发展机理

耦合是指两个系统通过各种相互作用而彼此影响的现象，耦合系统由无序走

向有序机理的关键在于其内部各子系统序参量之间的协同作用，它左右着系统相变的特征与规律，而耦合度正是这种协同作用的度量。由此，可以把制造业与生产性服务业两个产业子系统通过各自的耦合元素产生的彼此影响的程度定义为制造业，生产性服务业系统的耦合度，其大小反映了两者协调发展的程度。

制造业的发展和内部服务外部化的过程中产生了生产性服务业，并逐步剥离成为独立产业，因此产业间必将存在紧密的联系。生产性服务业所从事的活动原本就属于制造业生产过程中上游、中游和下游的某个生产环节（见图 2－1），这就决定了它们之间具有高度的耦合式。

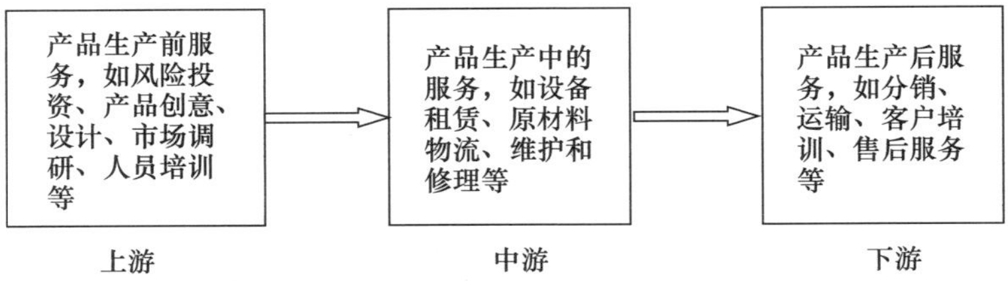

图 2－1　生产性服务业与制造业耦合关系

耦合是双向的动态互动关系，也是一个完整的社会化系统工程，具有以下特征：技术、资源、信息等要素方面均具有关联性，并通过协同作用形成完整的价值链，生产性服务业提供的中间服务已经关联到产业链的上游、中游、下游各个环节，在每个环节都有着不可替代的作用；耦合是一种双向互动关系，由某一方需求或者供给因素主导的，是双向的耦合关系，彼此相互促进、共同发展；在产业的耦合发展过程中，市场和政府有着不可替代的作用。耦合发展始终需要市场运行调节机制发挥作用，实现有效的市场资源配置。同时，政府的政策与宏观调控引导两者的发展规模和方向，注重促进优化产业结构调整和规模效应的形成。

从产业耦合的组织属性看，产业耦合介于市场与科层组织（Bureaucracy，又称“官僚政治”）之间的中间网络组织。是以各行为主体在交换、传递资源的过程中发生联系时建立的各种关系的综合。网络由行为主体、资源以及活动三部分组成（黄守坤、李文彬，2005）。产业耦合的内部动力因素表现为：区位优势、联动效应和网络创新，而外部动力因素表现为：政府的外部推力、市场需求的外部拉力。生产性服务业与制造业在产业层面的耦合发展获得了较多的理论支撑，古典经济学的分工理论、波特的价值链理论、新制度经济学的交易成本理论以及社会网络理论都从不同层面解释了产业层面互动何以促进和深化分工、降低成本和提升生产效率以及获取价值资源。生产性服务业与制造业耦合式发展受多种因素影响，既是某时点的产业形态——最终配置状态，也可以是一个动态调整过程。由于生产性服务业与制造业的行业、空间异质性及资源稀缺性的作用，这使得在特定区域内的供需协调过程必然会伴随着“互补与挤出效应”的动态交错与协同匹配过程，因此，合理有效的制度就起着关键性作用。

从产业演变的角度看，制造业企业将其内部的非核心的服务性经济活动外包给专业的服务商来做，不仅使企业提升自己的核心竞争力，也为生产性服务业提供了巨大的市场空间，生产性服务业反过来也支持和促进了制造业的发展。因此，生产性服务业与制造业表现为相互作用、相互依赖、共同发展的动态的协调发展关系。

从时间角度看，生产性服务业与制造业同位于低端耦合初期阶段，属于低端服务或制造时期，现有的不少技术不过是来自他国的经验或承接的末流技术。两者的耦合程度有赖于技术、资金、制度的成熟，表现形式为价值链上各产业要素、产业结构、产业布局及产业政策的耦合。在产业价值链中，制造业子系统各产业要素与生产服务业进行服务外包、合作研发、资本吸收、人才培训以及商务咨询等形式的耦合运动，生产性服务业的异质化知识满足制造业对知识的多样化需求，促使双方在高层次和多样化的领域进行耦合互动，相互作用，相互影响，螺旋上升地促进各行为主体的运作绩效。较高的生产性服务业知识管理能力为制造业发展提供源源不断的知识流，并将获取的知识嵌入制造业生产流程和技术创新中（刘汉贤、叶林欢，2016）。其最终结果是：生产服务业获得了足够的投入与需求而壮大，制造业也获得了足够的创新知识和成本上的优势；由于产业知识密集度的提高，生产性服务业与专用设备制造业在研发、设计、生产等方面出现协同现象，产业界限开始模糊，价值链向服务驱动经济力方向转变。而随着时间的流逝，产业间的结构、布局、政策将会协调得更为科学。

从空间角度看，生产性服务业与制造业在产业结构、产业布局、产业政策等方面的耦合是一个相互协调的过程。产业政策在确保产业发展的基础上相互协调，确保生产服务业与专用设备制造业的耦合发展。随着制造向创造的转变，随着服务业的壮大，专用设备制造业升级，服务经济比重日益扩大，产业结构得以优化，工业化进程得以迅猛发展。在我国创新力不发达、核心技术欠缺、劳动力成本增加、价值链低端的特殊国情下，应该并重发展制造业与生产服务业，随着生产价值链的成熟，技术、产品、劳动力与资金完成互动与配置，生产服务业与专用设备制造业在地域上以产业分工、产业转移、产业集群等形式形成合理的产业布局。

三、生产性服务业与制造业耦合式发展基础

（一）生产性服务业与制造业耦合发展客观基础

产业的发展是人们在生产中改造自然手段的延伸而依次出现的。第一产业是以大自然为主要资源范围，以劳动对自然物质进行获取和简单整理为主要方式，以满足人类被动的物质需求为主要目的的一类经济活动，可视为获取型经济。第二产业是以第一产业的产出物为主要资源范围，以劳动改造物质并将劳动凝结在其中来形成价值为主要方式，以满足人类主动的物质需求为主要目的的一类经济活动，可视为制造型经济。第三产业则是以人力（体力和智力）为主要资源范围，以效用的直接交付或将效用附着于有形物上来增加其价值为主要方式，以满足人类对除有形物之外的需求为主要目的的一类经济活动，可视为服务型经济。可见，第一产业是直接从自然界获取资源的产业，第二产业是对第一产业产出物进行加工的产业，第三产业是除第一产业、第二产业以外的其他派生行业。前两次产业是以对自然物的提取和加工为主，第三产业则以对人和加工过程的服务为主，说产业的分类是生产力渐进发展的结果。制造业属于第二产业，服务业属于第三产业，生产性服务业又是在服务业的基础上衍生的。生产性服务业与先进制造业之所以能相互促进耦合发展，归因于现代生产力的快速发展。

首先，先进制造业的发展是生产性服务业滋生的土壤，就产业发展的顺序而言是制造业在先服务业在后，服务业中很大一部分内容是为产程中的生产环节提

供服务，其发展又衍生出生产性服务业。制造业与服务业发展的这种自然联系在近年得到快速发展，是因为生产性服务业主要是先进制造业发展的产物，它是在工业化比较发达的阶段产生的。主要依托现代化管理理念和电子信息技术发展起来的知识密集型的生产性服务业。先进制造业的发展是生产性服务业得以滋生的土壤，这从它不断发展的规模和不断延伸的环节中可看出。

从先进制造业不断扩张的规模看，生产规模的扩大往往在内部产生新的分工，为生产性服务业的发展留下空间。随着工业化发展的深入，先进技术对工业装备程度的提高，先进制造业比重在工业中越来越大。先进制造业是指以高新技术产业为先导，以高附加值特色产业为支柱，最大限度地节约能源、减少污染、保护环境并与生产性服务业互动发展为特征的新型产业。主要包括机械制造自动化、工业设计、精密制造技术、网络化制造、系统远程监控技术、虚拟制造技术、光电技术、开放式智能数控技术和节能技术等。自 20 世纪 90 年代以来，我国制造业在开放和竞争的环境中整合产业提升的新时期，高新技术等先进制造业比重明显上升，整体实力显著增强。由于先进制造业规模的不断扩大，内部的分工更细致，对管理水平的要求更高，当经济规模大到足以将其中的一部分职能分离出来，生产性服务业的形成便“水到渠成”了。

从先进制造业发展的环节看，其产业链条的延伸有可能使链条中的某些环节独立出来，成为生产性服务业的一个重要分支。我们知道，任何制造业的发展均要经过研发→生产→营销三个基本环节的业务流程。制造业越发展其内部分工越细致，这三个基本环节中的任何一个环节都可能分出若干个环节。比如，研发环节可能滋生咨询、设计、开发等部门；生产环节可能滋生采购、管理、融资、要素配置等部门；营销环节可能滋生物流、销售、售后服务、信息反馈等部门。可见随着制造业的发展，生产流程的链条逐渐延伸，附着在链条上的环节也逐渐增多，当这些环节从制造业的母体中独立出来，就成为生产性服务业的一个重要分支。因此，先进制造业发展环节的延伸及裂变，都可能为生产性服务业发展提供空间。

先进制造业是生产性服务业滋生的土壤或载体，生产性服务业一经独立对先进制造业也起着积极的促进作用。现代经济发展的事实表明：生产性服务业和制造业的关系正在变得越来越密切，一方面，先进制造业的中间投入中服务的投入大量增加。另一方面，先进制造业部门的功能也日趋服务化，主要表现为：一是该制造业部门的产品是为了提供某种服务而生产的，例如通信和家电产品；二是随产品一同售出的还有知识和技术服务；三是服务引导制造业部门的技术变革和产品创新，如HP公司通过兼并服务性企业，从而能够为客户提供从硬件到软件、从销售到咨询的全套服务。先进制造业与生产性服务业间的这种良性互动首先源于先进制造业的发展。其次，生产性服务业的发展有效地推进了先进制造业的升级。生产性服务业又称为“现代生产性服务业”，是指以生产性服务业为主的服务业形态，即为生产、商务活动和政府管理而非直接为最终消费提供的服务，主要包括金融业、保险业、不动产业（即房地产业）、咨询业、信息服务、科技开发、技术服务、商务服务、教育培训等行业。生产性服务业涉及面广，科技含量高，适应了现代工业发展的需要，它的出现不仅细化了服务业内部的分工，而且在第三产业中的比重迅速上升，成为有效推进先进制造业升级的重要支撑力量。

生产性服务业的独立有利于降低制造业生产的交易成本。因为生产性服务业是从先进制造业的产程中分离出来的，使制造业的部分职能从生产企业转移出去并由专业公司去完成。由于这些专业公司的社会化程度更高，不仅大大提高了工作效率，而且使生产企业大大“瘦身”，这无疑又降低了企业的生产成本。生产性服务业的发展有利于调整和优化产业结构。这是因为生产性服务业是知识和技术含量高的产业，一方面它要求以自身的先进理念、先进技术带动制造业的快速提升，另一方面也要求与之相配套的制造业能够及时调整并优化产业结构。如信息技术的蓬勃发展不仅使电子信息产品制造业迅速崛起，而且深刻改造了钢铁、机械、纺织、化工、冶金等传统制造业的生产方式和经营理念。而新的经营理念确立和新的生产方式形成的过程，实质上就是调整和优化产业结构的过程。著名经济学家钱纳里说“经济发展即经济结构的成功转变”，经济发展的根本标志是经济结构的优化升级。服务业的效率对整个经济链条的效率影响很大，不同阶段的生产性服务业的全面发展和优化升级，有利于增强现代制造业的竞争力，使之成为产品差异和增值的主要源泉，成为有效推进先进制造业升级的主要动力。

生产性服务业脱胎于先进制造业母体，它一经独立又进一步推动了先进制造业的发展。这是因为生产性服务业的发展在降低服务业投入成本和提高服务品质的同时，推进了制造业的专业化和精细化，而先进制造业的发展为生产性服务业提供了市场需求和发展方向。从生产性服务业与先进制造业的互动发展来看，两者均基于分工的专业化、精细化，以及基于生产力水平的提高。正是生产力水平的提高使生产性服务业与先进制造业耦合发展有了客观基础。一些专家学者的研究也说明了这一点。Paolo 以 20 世纪 90 年代 OECD 国家为样本，研究了生产者服务业的国际竞争力和国际专业化的决定问题。他发现：一个国家的制造业基础和生产服务业发展之间存在着重要的联系，制造业的国内专业化对生产性服务业出口具有显著的正效应。王军虎在对我国制造业与生产性服务业的相关分析后得出结论：制造业规模是决定制造业发展的主要因素，并与生产性服务业规模存在正向关系；生产性服务业的资产周转速度对生产性服务业发展和制造业发展都呈现出一定程度的正相关关系。这表明生产力发展到一定水平，制造业与生产性服务业呈现出相互促进的发展关系。

（二）生产性服务业与制造业耦合发展的必备条件

生产性服务业与制造业的互动发展必须具备良好的产业发展环境。环境是指围绕人类的外部世界，是人类赖以生存和发展的社会和物质条件的综合体。这里的产业发展环境是指有利于企业生存和发展的社会和物质条件的综合体。它包括促进生产性服务业与制造业发展的良好的舆论环境、政务环境、创业环境和市场环境等。

（1）营造积极健康的舆论环境是生产性服务业与制造业耦合发展的人文前提。

选择本身是一个经济行为，但同时受到选择者价值观念的支配和社会舆论的左右。第一，树立全新的产业认知理念，要求我们认清发展先进制造业和生产性服务业的关系是相互促进的关系。不能因目前大力推崇生产性服务业的发展，舆论就一边倒而忽略先进制造业的发展，也不能一味强调制造业的规模扩张而不适时地发展生产性服务业。只有按经济发展规律进行舆论引导，才能在实际工作中正确处理好生产性服务业与制造业发展的关系。第二，树立全新的产业认知理念，要求我们在发展生产性服务业与制造业时摆脱“全面发展”“同质竞争”的理念，产业的发展应强调“凸显特色”“个性需求”。就一个地区的产业支撑和经济发展而言，这个问题更为重要。第三，树立全新的产业认知理念，要求我们树立“以人为本”、以“客户为中心”的理念。这要求我们依据市场需求的变化，调整产业产品结构，生产性服务业行业是主要与人打交道的行业，为生产者服务更应处处为人着想，将人的需求看作产品设计、产品功能、产品质量的最高追求。营造良好的舆论环境就要包容不同见解的产业发展观念。只有在经济民主充分和人文宽松的前提下，产业的选择与发展才可能科学合理，这是推动制造业与生产性服务业相互促进共同发展的重要前提。

（2）创建廉洁高效的政务环境是生产性服务业与先进制造业耦合发展的基本保障。

廉洁高效的政务环境直接关系到先进制造业与生产性服务业的发展规模和发展效率。政务环境是政府职责所及且直接影响企业、居民外部环境质量的相关因素。政府是创建政务环境的主体，创建廉洁高效的政务环境要求政府是干净政府、责任政府、高效政府、服务政府。第一，干净政府是前提。政府及其机构的廉洁既是政府的形象，也是政府立信公民社会的基础。政府公职人员应严格自律、勤政廉政。第二，责任政府是基础。政府必须明晰自己的角色，基于这样一种认识，政府在产业调整和发展中只需要制定相关的产业政策，为企业提供良好的生存发展环境，在促进制造业与生产性服务业发展上，要加强对这两个产业发展总体规划的宏观指导，全面清理涉及服务性行业的行政事业性收费，政府在制定政策、营造环境、强化管理方面确实担当起责任来。第三，高效政府是关键。政府的高效表现在能为企业和百姓提供低的商务成本和高的行政效率。商务成本是指企业在开办期和持续期所产生各种费用的综合。包括房地产价格、劳动力工资、培训费用、利息、通信、水电煤气价格、水费以及法律政策的公正透明度、市场秩序、政府部门的办事效率等方面。政府在促进制造业和生产性服务业的互动发展中应侧重减轻企业的税费负担，缩短企业与政府部门打交道的时间，降低通关成本，放宽对中小企业融资政策等方面下功夫。第四，服务政府是核心。

在发展先进制造业和生产性服务业的工作中，政府首先应该树立服务理念，倡导“以人为本，企业为尊”，一切从企业利益考虑，实施“一门式”“一站式”

服务。其次，加强行政流程再造，提高服务效率。政务服务与办事流程是密不可分的。通过缩短办事流程，减少不必要的环节，提高服务效率。最后，通过大力发展电子商务，提供现代化的服务手段。

（3）发掘最大潜力的创业环境是生产性服务业与先进制造业耦合发展的根本动力。

当技术的发展足以使生产的某个环节脱离母体而独立地成为一个体系时，新的行业就产生了。其逻辑顺序是：先进技术→带动了先进制造业的发展→滋生生产性服务业的萌芽。这里先进技术是关键，而技术是人发明创造的，因此聚集优秀人才和发掘创新潜力才是促进先进制造业和生产性服务业互动发展的根本动力。为最大限度地发掘创新潜力，可考虑从以下方面入手。一是通过制定相关的激励政策，从有利于个人事业发展、提供良好生活待遇、营造和谐工作氛围等方面吸引人才、聚拢人才、留住人才，技术创新才有源头。二是通过创新研发投入机制，使创新不断延续。转变行政拨款是研发资金主要来源的局面，通过拓展资金来源渠道改变我国制造企业研究开发资金过低的状况。三是要加强对知识产权的保护，严厉打击侵权仿冒行为。这对调动保护企业科研开发的积极性是十分必要的。四是加快发展生产性服务业，发展生产性服务业的过程也是现代信息技术、现代金融、现代高科技技术等在生产中的实际应用过程，而在这个过程中又优化了制造业的结构，提升了制造业的技术水平。

（4）培育规范完善的市场环境是生产性服务业与先进制造业耦合发展的基本条件。

在市场经济条件下，一切经济活动都离不开市场。因此规范完善的市场体制及市场环境尤为重要。当前应侧重做好以下工作：一是在全社会弘扬诚信守则的经商做人理念，制定相应的制度并给有不良“诚信档案记录”的人以严厉惩戒，使其在社会无立足之地。二是完善市场经济的有关法律法规，坚决依法办事，特别要在严格司法上下功夫。以法律维护市场秩序。三是建立全国统一的市场体系，促进要素的自由流动，促进公平交易在全国范围内的发展。四是进一步完善价格、供求、竞争机制，按市场的方式发展先进制造业和生产性服务业。

四、生产性服务业与制造业的融合情况及中美比较

1. 伴随产业结构的变化，制造业对生产性服务业的中间需求占比呈下降趋势

各产业对生产性服务业的中间需求占比与一国的产业结构密切相关。美国从20世纪50年代中期开始制造业比重不断降低到当前的不到12%，服务业占比上升到当前的80%左右。而随着制造业占比的降低，制造业对生产性服务业的中间需求占比不断降低。

中国服务业自2015年才超过50%，制造业在国民经济的占比从2006年开始出现降低，但仍超过30%。在2006年之前，制造业对于生产性服务业的中间需求占比呈现上升趋势，但在2006年之后随着制造业占比的降低，制造业对于生产性服务业的中间需求占比有所降低。第三产业对生产性服务业的中间需求占比有所提高。

2. 中国各行业尤其是制造业对生产性服务业的利用程度相对偏低

美国大部分产业的中间投入中生产性服务业的比重呈现上升趋势，其中制造业、建筑业、第三产业的中间投入中生产性服务业占比是明显上升的，表明这些产业与生产性服务业的关联性和融合程度有所提升。而中国各产业的中间投入中生产性服务业的比重明显偏低，第三产业利用生产性服务业作为中间投入的比重是最大的，并且总体呈上升趋势，2012年达到30%以上，不过仍要远低于美国50%以上的水平。制造业中间投入中生产性服务业的占比一度呈现下降趋势，2007年之后有所上升，2012年也只有13%左右，低于美国30%左右的水平，这意味着中国各行业特别是制造业对生产性服务业的利用程度不高，这在一定程度上与我国生产性服务业发展滞后有关，也与我国制造业本身发展水平较低有关。

进一步观察不同技术类型制造业中间投入中生产性服务业的比重，美国高技术、低技术型制造业利用的生产性服务业的中间投入比重上升更快，中国虽然各类型制造业中生产性服务业的中间投入比重较低，但也呈现类似表现。这表明随着生产性服务业的发展，低技术、高技术行业更易于与生产性服务业进行融合发

展，这与各行业本身特点有关，低技术主要包括食品、纺织等传统制造业，高技术则包括计算机等电子设备制造业、仪器仪表等行业，而中低技术、中高技术行业更多的是一些重工业和大型设备制造业。低技术行业竞争更激烈，会更主动地与生产性服务业融合促进自身生产效率的提升。

3. 中国制造业利用的生产性服务业结构相对低端，但已表现出优化趋势

与美国相比，中国各类型制造业利用的生产性服务业更多地集中于批发零售业、交通运输仓储和邮政业等提供辅助管理作用的行业，在租赁和商务服务、科学研究和技术服务等行业提供管理支持、战略导向功能方面的利用程度相对较低，其中间投入中这两个行业的占比不超过4%，远低于美国15%左右的水平。同时，我们也关注到美国低技术制造业的中间投入中，专业和商业服务业的比重达到16.7%，甚至要高于高技术制造业，这可能意味着传统的低技术制造业更需要相对高端的生产性服务业促进其转型升级。

生产性服务业贯穿于制造业的上游、中游、下游等各个环节，有助于效率提升、质量改进等方面，从前面的分析可以看到，不仅是高技术制造业对生产性服务业的中间投入占比较高，低技术行业效率的提升同样需要生产性服务业的引领。生产性服务业对于改造传统制造业、支持先进制造业发展具有重要作用。与此同时，生产性服务业还是第三产业主要的中间投入，其发展将有助于其他服务业提高效率。而生产性服务业作为服务业的重要部分，也能直接带动服务业生产率的提高。因此，在服务业占据半壁江山并且未来预计还将继续上升的情况下，需要适当地培养公平竞争的市场环境、建立有效的市场运行机制，促进生产性服务业规模、质量的提升。

五、我国生产性服务业与制造业发展趋势分析

国家统计局对制造业长期存在比较系统的统计分类，按照《国民经济行业分类》（GB/T 4754—2011）的最新规定，制造业门类包括石油加工、炼焦和核燃料加工业等31大类，相关统计数据较为齐全。但是，对于生产性服务业，国家统计局只是在2015年公布了其统计分类范围，包括金融服务、生产性租赁服务

等10大类，并没有公布相对应的详细统计数据。为了充分利用当前我国国民经济行业分类信息和投入产出表，本书将生产性服务业的行业分类范围界定为以下6个细分行业：交通运输、仓储和邮政业，信息传输、软件和信息技术服务业，批发业，金融业，租赁和商务服务业以及科学研究和技术服务业，并进一步对比分析该行业与制造业在产值、投资、就业、对外开放等领域的发展状况。

1. 我国生产性服务业和制造业现代化水平逐步缩小与发达国家之间的差距，有效助力产业经济结构转型升级

生产性服务业和制造业两者的行业增加值，在2004～2016年均呈现持续攀升态势。其中，生产性服务业增加值在2005～2016年的增速均值为15.91%，2016年达到8.67%，高出同年GDP增速近2个百分点。进一步从其细分行业来看，从2007年起，金融业，批发业以及交通运输、仓储和邮政业3个行业的增加值显著高于其余行业。制造业从2011年开始放缓发展速度，2016年增加值达到223547.10亿元，增速为6.8%，略高于同年GDP增速。

生产性服务业和制造业两者的行业增加值占GDP比重，在同期却呈现相反的发展态势。其中，生产性服务业增加值占GDP的比重稳步上升，2016年达到25.75%，已经在第三产业中牢固占据半壁江山。与世界主要发达国家相比，我国生产性服务业整体发展水平虽然较低，但与他们之间的差距正在逐步缩小。以美国为代表的发达国家之所以在实体经济领域具有较强的竞争力，是因为生产性服务业发挥了关键的支撑作用。实践表明，通常一个国家或地区的制造业现代化程度越高，其生产性服务业发展水平也越高。以德国为例，近些年其生产性服务业增加值占GDP比重已经达到50%左右，金融服务、物流和供应链服务、信息技术和智能化服务在制造业发展中得到充分融合应用，助推德国率先走向工业4.0时代。2015年美国生产性服务业增加值占GDP比重也高达53.40%。

2004年以来我国制造业增加值占GDP比重呈现逐步下降态势，尤其是2011年以后的下降速度明显加大，2016年低至30.04%。制造业这种发展状况与近些年我国经济新常态下产业结构转型升级，以及服务业高速发展带来的挤压态势密切相关，也与2000年以来美国、德国、日本等主要发达国家制造业发展态势基本一致，这为我国下一步建设制造强国提供了重要的发展基础。

2. 生产性服务业和制造业固定资产投资基本占据全社会半壁江山，制造业对投资增长拉动力度更大

2004年以来，生产性服务业和制造业两个行业投资强度持续加大，且后者相对应的全社会固定资产投资额度及平均增速，均显著高于前者，是带动我国投资增长的重要行业。其中，2005～2016年生产性服务业全社会固定资产投资额的平均增速为19.49%。进一步从其细分行业来看，交通运输、仓储和邮政业相对应的全社会固定资产投资额度及平均增速，均显著高于其余5个行业，尤其是2016年该行业全社会固定资产投资额度占全部生产性服务业的比重更高达59.79%。

生产性服务业和制造业两个行业全社会固定资产投资额度在全部行业所占的比重，均在2004～2016年基本保持稳定，大约分别为15%和30%，加总之后接近全部行业的一半，而且两者还均在2010年有一个相对较明显的峰值，这与2008年全球金融危机爆发之后，我国采取的以扩大投资为主的"稳增长"政策密切相关。

3. 生产性服务业和制造业稳步带动城镇就业发展，已经占据吸纳就业的主导行业地位

从2013年起，我国将以往属于乡镇企业的规模以上法人单位纳入城镇单位劳动统计范畴，使得生产性服务业和制造业吸纳的城镇就业人员统计数据有了较大提升，导致前后样本期间的数据基本不可比。因此，这里以2013年为分界线分别进行分析。生产性服务业吸纳的城镇就业人员数量，2004～2012年和2013～2015年基本保持平稳，大约分别为2100万人和3100万人。进一步从其细分行业来看，交通运输、仓储和邮政业吸纳的城镇就业人员数量，显著高于其余5个行业。制造业吸纳的城镇就业人员数量，虽然在2004～2012年从3050.80万人稳步上升到4262.20万人，但在2013～2015年则稳中有降，大约平均为5100万人。生产性服务业吸纳城镇就业人员数量占全国城镇就业人员的比重，在2004～2012年大致呈现稳中有降态势，2012年达到6.69%，2013～2015年则基本稳定在8%。制造业刚好与之相反，2004～2012年基本保持稳定在11%左右，在2013～2015年稳中有降，2015年达到12.54%。此外，与国民经济其他行业相比，两个行业吸纳城镇就业的占比处在前列，是吸纳城镇就业的主力

军，而且未来进一步发展的空间较大。

4. 生产性服务业吸引外资能力近些年已经超过制造业，稳居全行业首位

行业外商直接投资的走势情况，通常是反映该行业对外开放程度及国际竞争力的重要指向标。2004 年以来，生产性服务业和制造业外商直接投资额基本呈现相反发展态势。其中，生产性服务业外商直接投资额逐年攀升，并在 2015 年首次超过制造业外商直接投资额。进一步从其细分行业来看，租赁和商务服务业的外商直接投资额除了在 2015 年低于金融业以外，其余年份均稳居首位。制造业外商直接投资额在 2011 年以后呈现较为明显的下降态势，下降速度从 2011 年的 5. 06% 增大到 2016 年的 9. 76%，2016 年其外商直接投资额低于生产性服务业，高达 193. 08 亿美元，超过其自身投资额的一半。

生产性服务业和制造业两个行业外商直接投资额占全部行业外商直接投资额比重的走势，与前述外商直接投资绝对额的走势基本一致，也呈现相反发展态势，且前者在 2015 年首次超过后者，成为吸引外商直接投资最大的行业，2016 年更达到 43. 64% 的较高水平，充分表明生产性服务业近些年在对外开放和国际竞争力方面取得了较大进展。

六、我国工业转型升级的关键在于生产性服务业

《中国制造 2025》是我国在发展新阶段加快工业转型升级的战略安排，它不仅将助推我国制造业的提质增效，改善我国在全球产业链中的位置，而且将给转型全局带来深远影响。未来几年，我国由制造业大国变成以智能化为重点的先进制造业大国、强国，正面临着重大机遇与历史性挑战。从现实的突出矛盾看，关键在于加快发展生产性服务业，形成工业转型升级的坚实支撑。

我国正处于工业转型升级的关键时期，无论是“工业革命 3. 0”还是“工业革命 4. 0”，都伴随着制造业与服务业的融合，并带来制造业服务化的深刻变革。随着内外环境的深刻变化，“十三五”加快制造业服务化革命将是我国制造业占领价值链高端的关键时期。

其一，发达国家对工业的高度重视。我国成为全球第一制造业大国的重要历

史背景是发达国家去工业化。第三轮全球化以来，发达国家加工制造环节向成本更低的新兴经济体转移的趋势十分明显。但 2008 年国际金融危机以来，主要发达国家又开始再工业化进程，由此使得我国工业化中后期面临重大挑战。美国近年来调整税收政策，鼓励企业家把制造业工作岗位重新带回美国，并试图通过出台产业和税收激励措施来鼓励制造业回流。2013 年，欧盟明确提出进行“再工业化”以重振欧洲经济，并将工业占欧盟 GDP 的比重由 2013 年的 15.6% 提升至 2020 年 20% 的总体目标。

其二，低成本扩张模式的历史终结。我国进入工业化中后期，伴随着人口老龄化与数量型人口红利的逐步衰减，低劳动力成本的增长模式不可持续。目前大部分东南亚国家的人力成本约为中国的 50%。从制造业从业人员的月平均工资来看，越南大概是 1000 元，印度约为 600 元，而我国东部沿海地区已经普遍超过 3000 元。美国、日本等发达国家将低端制造业从我国转移到成本更低的新兴经济体的趋势不容忽视。此外，由于资源环境条件约束的趋紧，低土地成本、低资源环境成本的发展模式不可持续。

其三，加快工业转型升级成为现实选择。如果我国仍是世界工厂，还是进行一般性的制造加工，即使做大了经济总量，也仅仅是一个大国，而不是强国，在多方面仍处在一个被动的局面。这就要求我们加快推进工业的转型升级。

工业转型升级高度依赖于生产性服务业发展。从国际经验看，推进工业转型升级的关键在于生产性服务业的发展。如果没有研发等生产性服务业的大发展，想从产业链的低端迈向中高端，恐怕不现实。

第一，制造业服务化是一个基本趋势。“十三五”是我国迈向工业化后期的关键 5 年。从国际经验看，工业化中后期，制造业服务化才能占领产业链的高端，才有条件使工业摆脱低附加值的局面。欧美发达国家之所以能够获得制造链上的高额利润，主要在于通过制造业的服务化占领了高附加值环节。例如，全球 500 强企业所涉及的 51 个行业中，有 28 个属于服务业；500 强企业中有 56% 在从事服务业。欧美发达国家普遍存在的两个“70%”，即服务业增加值占 GDP 比重的 70%，生产性服务业占整个服务业比重的 70%，主要基于制造业的服务化。

第二，生产性服务业在工业转型升级中的作用不断凸显。以太阳能光伏向家庭的普及为例，最重要的并不是太阳能光伏本身的制造环节，而在于服务环节。

能否通过以高新技术服务为重点的现代服务业发展加强研发和销售，并降低交易成本，是太阳能光伏向家庭普及的核心难题。

第三，我国制造业服务化取得重要进展，奠定了重要基础。过去几年，我国制造业服务化有两大进展：一是制造业向服务业领域延伸取得重要成果。以高铁、三一重工等为代表，向高端的研发、设计等生产性服务业领域延伸，在国内外建立研发中心。二是生产性服务业领域企业的崛起。以阿里巴巴、腾讯、百度、京东、华为为代表，一大批企业形成了生产性服务业的新优势。以华为为例，其收入主要在于提供服务，在全球移动宽带、固定宽带等领域，华为几乎提供了 1/3 的产品和解决方案。

第三章 生产性服务业与制造业耦合式发展动力机制研究

一、生产性服务业与制造业耦合影响因素与相关假设

产业实现耦合发展是各种动力合力的结果，既受产业升级、技术进步跨国公司推动等推力的影响，又受规制收缩、企业竞合、市场需求拉动等拉力的冲击，产业升级是耦合得以提升的内生动力，中国的经济发展总体上是粗放型的，且各大产业间的互动联系相对不紧密，在产业互动发展上主要表现为制造业与生产性服务业的耦合式发展，随着产业发展的逐渐升级，各大产业的内在关联性应该会越来越密切，因此无论对于发达区域还是欠发达区域，产业的稳健升级均有利于不同产业实现耦合与协同发展。

由此，假设1：内生动力对发达区域和欠发达区域的产业耦合发展均具有正向影响，技术进步是耦合发展的内原动力，经济发展的二元性明显主要表现在区域之间和行业之间，导致不同区域和行业的技术水平差异较大。通常认为，发达区域的技术进步以技术和资本密集型产业为主，而欠发达区域的技术进步以劳动和资源密集型产业为主，且产业耦合应该是技术发展到一定阶段的产物。与此同时，技术和资本密集型产业需要更多的其他产业支撑发展，而劳动与资源密集型产业的持续发展可能不一定有利于产业耦合。

由此，假设2：内原动力对发达区域和欠发达区域的产业耦合发展分别具有正向影响和负向影响。市场需求扩大为产业实现耦合发展提供了市场动力。发达

区域总体处于经济转型期并将逐渐淘汰落后产能，由此市场容量的扩大为实现耦合发展提供了现实基础。欠发达区域处于经济发展提速期，以比较优势为基本导向，集中力量发展某一种产业，尤其是制造业。但是，欠发达区域在发展过程中也会带来生产性服务业的发展，即制造业要实现有效突破的基本条件应该是有较为完备的配套产业。

据此，假设3：市场动力对发达区域和欠发达区域的产业耦合发展均具有正向影响。跨国公司推动是产业实现耦合发展的外部动力。改革开放以来，中国实施的市场换技术战略，没有稳健地提升中国的技术水平，即由跨国公司导致的“鲶鱼效应”没有得到有效体现。因此，虽然跨国公司对于中国粗放型经济充分获取比较优势有着较大的贡献，但在促进产业融合的绩效层面还有待考究。

跨国公司对区域产业耦合发展的影响，通常可认为导致更多的高端产业进入发达区域和更多的低端产业进入欠发达区域，进而有利于发达区域耦合而不利于欠发达区域耦合。

据此，假设4：外部动力对发达区域和欠发达区域的产业耦合发展分别具有正向影响和负向影响。

企业竞合是耦合发展得以实现的竞争动力。市场竞争加剧会促使企业进行业务整合，由此要求不同类型的企业将各自的业务进行分包与重组，即制造业会积极实施第二、第三产业分离，而服务业尤其是生产性服务业会与制造业实现有效对接。无论是对经济发达区域还是欠发达区域而言，市场环境的变化会加快企业间的竞争与合作，而这种状态有助于不同产业实现融合发展。

由此，假设5：竞争动力对发达区域和欠发达区域的产业耦合发展均有正向影响。规制收缩是产业耦合发展的政策动力。中国粗放型的经济发展方式是不可持续的，因此有必要对经济发展进行规制，如近年来中国各个地区对污染型、能耗型产业进行了相应的调整。在要素相对稀缺的背景下，发达区域由调整而腾出的空间为发展高新产业和现代生产性服务业提供了可能。但是，在中国东部转型、中西部提速的前提下，欠发达区域的干预强化会带来更多的传统型制造业发展，由此可能会不利于实现产业耦合。

由此，假设6：政策动力对发达区域和欠发达区域的产业耦合发展分别具有负向影响和正向影响。

结合上述分析将影响产业耦合发展的动力用图 3 - 1 表示。

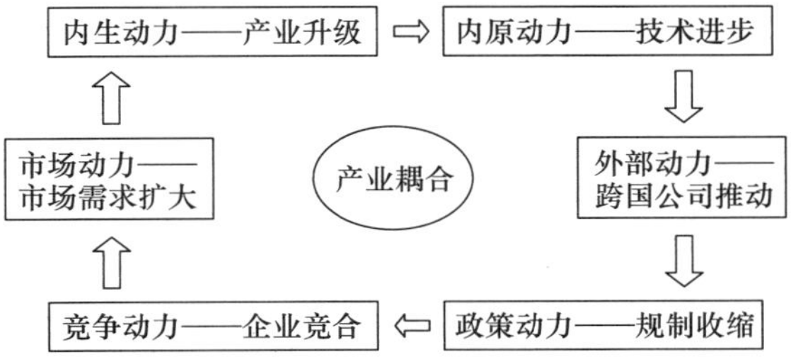

图 3 - 1 产业耦合发展动力

生产性服务业与制造业耦合机理分析较高的生产性服务业技术创新能力为制造业提供先进的技术，先进的技术有利于提升制造业创新绩效，增强制造业对技术的需求，使生产性服务业和制造业进入良性耦合和循环轨迹中。较高的生产性服务业知识管理能力为制造业发展提供源源不断的知识流，并将获取的知识嵌入制造业生产流程和技术创新中，有利于双方的良性耦合互动。

生产服务业知识异质性促进生产性服务业知识差异化和非同质化，异质化知识满足制造业对知识的多样化需求，促使双方在高层次和多样化的领域进行耦合互动，相互作用、相互影响，螺旋上升地促进各行为主体的运作绩效。制造业资源拼凑解决了生产性服务业运作过程中需求的资源种类，满足生产性服务业的多样化资源需求，用稀缺性的资源进行交换沟通与协同合作，形成具有信任属性的长期稳定的合作关系，促进双方长期的耦合互动。较高的吸收能力便于制造业充分吸收省生产性服务业为制造业传递和释放的知识，用知识带动制造业技术创新能力，促进双方的耦合互动。制造业企业模仿创新能力越强，越能激发制造业学习意愿，增强制造业开展学习活动的主动性和积极性，从学习角度促进双方的良性耦合互动。

二、生产性服务业与制造业耦合式发展动力机制理论基础

主要从以下三个视角进行阐述：社会分工视角、价值链视角和创新视角。

1. 基于社会分工视角的耦合式发展动力机制理论

18 世纪后叶，亚当·斯密在《国富论》中首次提出关于劳动分工的概念，并完整地论述了劳动分工对提升生产效率和增加国民财富的作用。Riddle 通过构造如图 3－2 所示的“交叉经济模型”描述了服务在各分工部门中的特定作用，服务业是社会经济的黏合剂，有效地推动了其他部门的发展，是方便所有经济主体交易的产业，也是促进产品生产的推动力。

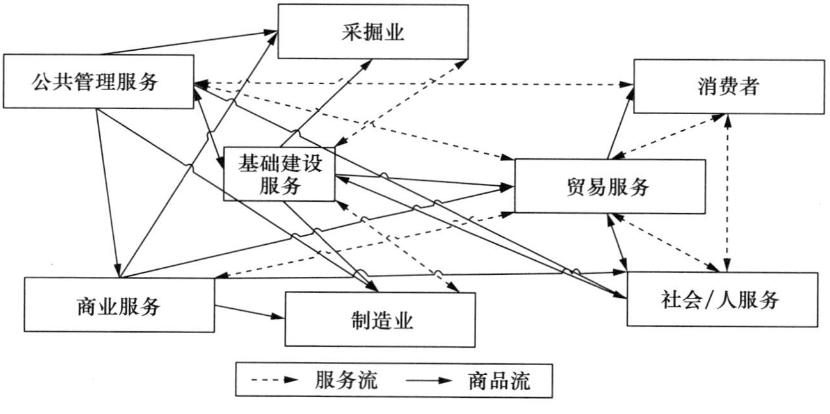

图 3－2 Riddle 的交互经济模型

周振和袁敏分别从产业演化角度分析，提出随着生产的专业化分工的深化和普遍，生产成本产生了较大的优势，大部分制造业内部负责的生产服务业务逐渐分离独立，表现出一种由“内”向“外”的演变趋势。古典经济学的社会分工理论表明，生产活动的专业化进程是伴随着社会分工的进程而逐步深化的，制造业产业链中产前的市场调查预测、产品开发及换代、采购以及生产后的质量监

测、价格设计、销售活动、渠道设计以及售后服务等分工进一步具体专业。与此同时，通过科技创新、合理分工和经营模式创新产生的对生产性服务的中间需求又进一步加强了它的重要性，这些中间需求贯穿于研发、采购、生产、流通、销售、售后的各个环节，带动了服务业的发展，优化了制造业的组织结构，细化了劳动分工，发展到一定程度后也会从制造部门中剥离出来，并成为独立的经济部门。

2. 基于价值链视角的耦合式发展动力机制理论

价值链理论是由迈克尔·波特于 1985 年首创的。波特提出："任何一个企业都是在研发、采购、生产、销售、运输和售后服务的过程中进行各种活动的集合体。此集合体可用一个价值链来表达。"价值活动可分为基本活动和支持性活动，如图 3－3 所示。基本活动涉及产品生产、销售、渠道运输和售后服务等相关活动；支持性活动是对基本活动的辅助和补充，并通过提供原材料采购、技术支持、人力资源、财务工作等职能来支持基本活动。

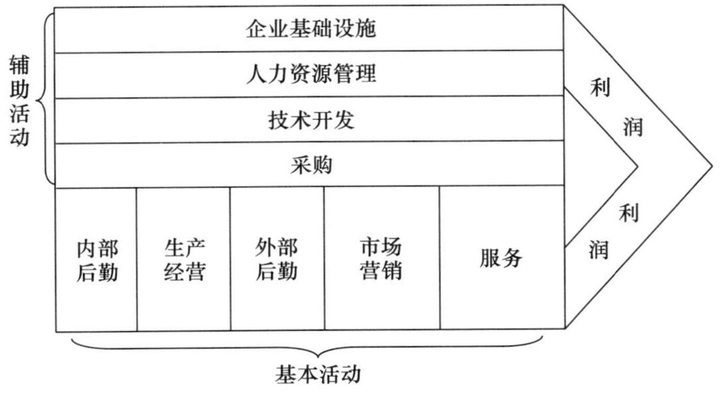

图 3－3　波特价值链视图

从价值链的视角来分析整个生产过程的资源运用状况、人员配备状况等生产要素，并进行综合分析，确定核心能力到资源的最优配置，用以提高企业的产品竞争优势。这种优势既可以是来自产品本身的价格优势、技术优势，也可以是来自营销策划的市场活动优势，或是来自内部协调或价值链优化所带来的效益。

总体来看，生产性服务业对制造业价值链的影响表现为：首先，生产性服务业可以促进制造业结构升级，加深制造部门之间或企业各部门之间的联系，同时制造企业通过内部业务外包给生产性服务企业，使价值链发生了分离；其次，生产性服务业在制造业价值链中的地位显著，可以为其连续性生产提供保证，也可以提高生产过程中在不同时期的运行效率；最后，生产性服务业有助于制造企业信息的整合和贡献，可以提高生产价值链的价值，也有利于企业不断地进行技术研发，利用新技术、新资源，鼓励企业提高自主科技创新能力，强化竞争优势。

3. 基于创新视角的耦合式发展动力机制理论

Hansen 指出生产性服务业的创新引发了制造业的生产过程创新，而为了追求高附加值的制造业的高端需求又引发了生产性服务业的知识技术创新，继而又引发制造业企业的另一轮创新，如此循环往复。如图 3－4 所示，一定区域内两个产业部门的企业是通过耦合式发展关系，彼此促进，共同发展创新能力的。一方面，制造型企业为满足其中间需求而购买生产性服务，为企业提供新的技术和资源，促进生产过程中产品研发、流程设计等活动。另一方面，生产性服务业通过为本区域企业提供中间服务而在与其交流沟通过程中互通有无，形成知识技术学习效应，激发新的知识，促进自身的创新，进而又通过为当地企业提供服务传递给当地企业。

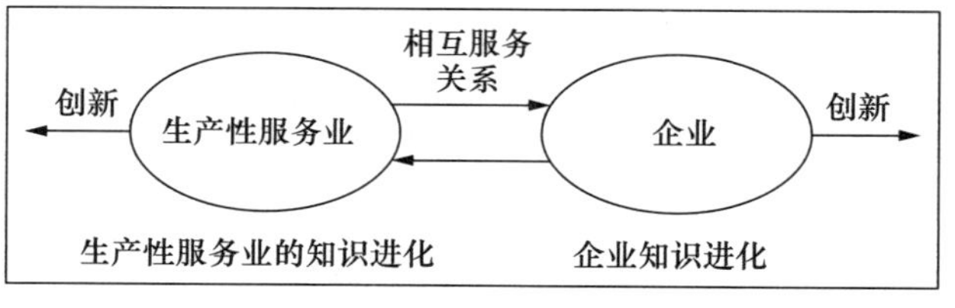

图 3－4　创新视图

而要实现制造业的转型升级必须提高制造业企业的自主创新能力，彻底转变制造代工的模式，向形成自有品牌化生产转型。这是增强制造业竞争优势、优化其产业结构的必然选择。

三、生产性服务业推动制造业升级的内在机制

1. 能够促使产业结构优化、升级

随着技术进步和生产力的发展，终端产品中制造环节创造的增加值比重不断降低，生产性服务增加值比重越来越高。欧美工业发达国家的发展历程说明，在工业达到较高发展水平后，服务业的发展必然升级，呈现出“工业经济”向“服务经济”转型的总趋势，社会经济逐步进入依靠服务业增长的新阶段。而作为连接第二产业和服务业的纽带，生产性服务业不仅是推进制造业继续发展的动力，是生产性服务业的核心，更是发展生产性服务业的切入点和突破口。

2. 降低交易成本，促进迂回化生产，优化制造业发展的制度环境

社会分工和专业化顺利开展、迂回化生产不断深化的关键在于完善制度环境、降低交易成本。生产性服务业发挥着十分重要的作用，其通过交易方式和交易技术的变革，不断减少市场交易中的费用。商业、交通、通信等流通服务业通过建立市场网络，在集中固定的生产与分散变动的需求之间架起桥梁，将空间上和时间上分割的市场联结起来，扩大了交易网络的延伸范围和市场规模。金融业所主导的产业资本和商业资本流动，也是规模不断扩大的商品生产得以流畅循环的重要中间环节。金融服务提供了更加完备的支付体系，提高了支付效率，促进了交易活动的开展。随着企业生产经营日益复杂化产生了对资金运营调控等更高的需求，各种金融衍生产品和创新服务不断产生。商务服务业中的广告等为搜索交易对象、获取可靠的交易信息提供了便利，降低了交易的搜寻成本。在市场经济制度日益规范和复杂化的环境下，会计、审计、法律、税务等逐渐从企业内部分离出来，专业化发展，有效帮助企业规避经营风险，降低了交易的执行成本。在制造业跨区域、全球化布置其生产和交易网络时，企业管理服务通过有效的协调控制管理，保障了复杂生产交易的开展，促进了制造业的实力规模扩张。

3. 能够提高生产经营效率和效益，降低生产经营的物质消耗，优化制造业的增长方式

生产性服务渗透在制造业价值链的各个环节，包括生产过程开始前的可行性

研究、风险资本、产品构思与设计、市场研究等服务；生产过程本身需要的质量管理、设备租赁、设备维修和保养等服务；生产过程结束后产品销售或售后所需要的广告、分销、售后服务等服务；贯穿整个生产经营过程的会计、法律、金融、人力资源管理、信息化建设和软件开发、物流等服务。生产性服务成为迂回化生产中服务要素和各方面专业知识导入制造业的通道，将知识资本、人力资本引入生产过程，实现了制造业的资本深化，提高了物质、劳动及其他要素的使用效率，以及制造业生产经营的全要素生产率。研发设计服务业通过提升制造业工艺流程和技术水平，优化资源配置，减少物质资源消耗，提高资源循环利用水平，以及制造业的运营效率。信息技术服务使制造业实现了生产方式、经营流程、管理手段的全面变革和创新升级。制造过程可以全部由信息技术驱动，如全自动化的生产线、数字化的生产设备，生产效率得以极大提高。信息系统包括管理业务的全生命周期，如订单处理、生产组织、计划和调度、库存管理、财务管理、产品销售流通等。同时，产品研发、市场开拓等环节也充分结合利用信息技术改进其实施开展的方式手段。这都有效地促进了信息的准确快速获取和传递，精准协调业务过程，降低了成本，提高了生产率。现代物流业将制造业领域彼此分割的采购、生产、运输、仓储、代理、配送、销售等环节有机地联结起来，优化了企业物资供应链，降低了企业资源消耗和经营成本，提高了工业经济的运行质量和效益。

4. 能够强化价值链的核心环节，实现产出的服务功能，从而增强制造业的创新能力，提高附加值，打造制造业的核心竞争力

随着经济全球化和技术进步，现代制造业中各价值链环节创造价值的不平衡性日益加强，以电子信息产业为代表，呈现出“微笑曲线”的特征。“微笑曲线”两端的生产性服务业，包括上端的研发、设计、材料采购，下端的品牌、营销渠道、销售、制造服务等附加值和盈利率高，而中端的生产加工、组装等传统制造行业附加值和盈利率却低。向价值链两端延伸，发展高端生产性服务业，能提高制造业的附加值和盈利能力，获得差异化竞争力，培育核心竞争优势，是制造业升级的本质要求和关键步骤。

理论和实践都证明，制造业企业只有借助先进的生产性服务业特别是高水平的研发和市场营销能力，获得自主知识产权、自主创新能力、自主品牌，才能取

得在全球生产网络和价值链中的支配权，提高国际分工地位，培植动态竞争优势，获取更多的比较利益。同时，制造业企业产出的服务增强和创新逐渐成为差异化竞争优势的重要来源。以实物产品为载体，提供扩展产品线的技术服务、信息服务，促进销售的金融服务、配送服务、安装、维修服务，以及整合实物产品和服务的集成解决方案，不仅能帮助企业创造市场、开拓市场、稳固市场，是制造业企业实现差异化竞争的利器，更成为制造业企业“利润和价值的创造者”、核心竞争优势的重要源泉。

四、服务业与制造业耦合式发展的六大趋势

随着现代信息技术的快速发展，制造业与服务业融合已经成为现代产业发展的主流趋势，也是推动全球产业升级的主要驱动力量。服务业与制造业之间呈现出融合互动、相互依存的共生态势，不断催生新产业、新业态，从而推动产业结构由产品经济向服务经济转型，由制造化向服务化、现代化的生产体系转型。制造业与服务业融合发展主要体现为六大趋势。正确认识与把握这些趋势对于推动经济结构战略性调整，促进制造业转型升级，加快生产性服务业发展具有重要意义。

1. 制造业服务化与服务业制造化相向发展成为产业特征

制造业服务化趋势主要体现在：一方面制造业的投入产出呈现服务化趋势。研究表明，目前服务中间投入占制造企业中间投入成本达到70%左右，对生产性服务的有效需求近70%来自第二产业，其中研发、金融、租赁和商务服务、邮政等行业的中间需求较高。2010年以来，发达国家生产性服务业占全部服务业的比重普遍在60%~70%，生产性服务业占GDP比重在43%左右。另一方面制造企业经营呈现服务化趋势。在工业品的附加值构成中，制造加工环节占比越来越低，而研发、设计、物流等服务占比却越来越高。许多跨国公司制造商的主营业务、业务增值、管理模式、盈利来源均以服务为主，有20%的跨国制造企业的服务收入超过总收入的50%，并成为名副其实的服务企业。

服务业制造化倾向主要体现在：一方面服务业加强向制造业的渗透。从生产

性服务业的增长反映在金融、物流、研发等服务部门，以制造业为主要市场，为制造业服务不断增加。另一方面是服务企业产业链逐步向制造业延伸。在价值链上处于主导地位的服务企业，凭借其技术、管理、销售渠道等优势，通过贴牌生产、连锁经营等方式嵌入制造企业并共同为消费者提供服务。由于一些服务企业在价值链高端掌握了核心技术、核心业务，比如，研发企业拥有自己的发明专利、设计机构，还拥有自主创新设计、物流公司、自己的网络等，这些企业为了寻求全产业价值链的增值，利用自身在产业链高端的控制力，建立起自己的制造工厂。

制造业服务化与服务业制造化相向发展，使得产业价值链重构成为一条既包含制造业价值链增值环节，又包含服务业价值链增值环节的融合型产业价值链，与原有单纯的服务业价值链和制造业价值链相比，具有更广阔的利润空间和增长潜力，在产业层次上表现出明显的结构升级效应。

2. 服务外包成为主要方式

服务外包成为服务全球化的主要方式和增长引擎，不仅使制造业与服务业分工进一步深化，极大地提高了服务专业化水平，而且使制造业与服务业的关联性、密切性、协同性进一步提高，极大地促进了服务业的规模化、国际化和市场化。同时也极大地提高了制造业的生产率和产业竞争力，并成为制造企业增强核心竞争力的重要手段。

越来越多的制造企业出于节约成本、聚焦主业、增强核心能力等因素的考虑，将原来的自我服务外包给专业服务提供商完成。服务外包成为服务业与制造业融合的主要方式，两者具有明显的共生关系。由于制造业与服务业相互融合的趋势增强，导致了企业对服务的中间投入增加，带动了全球各类生产性服务业的发展，而这些服务主要通过在岸或离岸的外包方式实现。随着跨国公司全球生产网络的布局，企业内分工、产品内分工的特征更加突出，由此带动了服务业离岸。2012 年全球服务外包市场规模达到 9750 亿美元，增长率为 30% ~40%。预计到 2020 年将达到 1.65 万亿 ~1.8 万亿美元。2015 年我国企业签订服务外包合同金额达 1309.3 亿美元，执行金额达 966.9 亿美元，分别同比增长 22.1% 和 18.9%。其中，离岸服务外包合同金额为 872.9 亿美元，执行金额为 646.4 亿美元，分别同比增长 21.5% 和 15.6%；在岸服务外包合同金额为 436.4 亿美元，执行金额为320.6亿美元，分别同比增长23.3%和26.1%。2016年我国企业签订服务外包合同金额为1472.3亿美元，执行金额为1064.6亿美元，分别同比增长12.45%和10.11%。其中，离岸服务外包合同金额为952.6亿美元，执行金额为704.1亿美元，分别同比增长9.14%和8.94%；在岸服务外包合同金额为519.7亿美元，执行金额为360.5亿美元，分别同比增长19.07%和12.46%，增速均超过同期全国外贸增速，并成为对外贸易及服务贸易中的一大亮点。

3. 集聚化、配套化成为产业组织形式

产业集聚不仅是制造业、服务业发展的共同特征，也是两业融合的主要产业组织形式及空间融合、区域融合的实现形式。各类产业园区、产业集聚区往往成为两业融合的重要载体。例如，在一个制药业集群中，集聚了若干制药生产企业，同时也活跃着各类为之服务的研发、物流、金融、产品认证、知识产权等生产性服务机构以及休闲娱乐等生活性服务机构，共同构成了服务支撑体系，为生产企业提供各类配套服务，推动了产业集群的健康发展。

这种集聚化、配套化的产业组织形态不仅能够使制造商和服务提供商共享基础设施、技术、人才等资源要素，同时大大降低双方的信息搜寻成本、交通成本、生产成本、服务成本、交易成本等，提高了双方市场机会，促进双方合作交流，共享规模经济收益。尤其为生产性服务企业提供了市场机会，使服务经济更好地体现在实体经济体中，提升了全产业链的增值能力和竞争力，同时促进区域经济结构改善，推动区域制造业和服务业共同发展，进而带动结构转型升级。

4. 全产业链发展成为利润增长模式

随着制造业与服务业的融合度不断提高，新技术、新业态、新的管理模式不断涌现，促进产业分工更加细化，产业价值链的增值环节变得越来越多，一种产品从开发、生产到营销、配送、维护等，所形成的价值链过程开始分解、整合与重构，产品处于生产制造环节的时间只占少部分，大部分时间处于研发、采购、储存、运营、销售、售后服务等阶段，产业链条更多地集中在生产性服务环节，这些服务业的效率、增值空间、利润空间对全产业链的影响都很大，因此成为决定全产业价值增值、利润来源的主要因素，也是全产业控制力的决定因素。

5. 信息技术成为技术载体

信息技术是促进制造业与服务业融合的黏合剂和推进剂。20世纪90年代以来，在信息技术的推动下，智能制造、创新设计等革命性的制造方式，众包、电商、网购、网银等新的业态、新的商业模式不断涌现，都推动了产业融合不断深化、范围不断拓展，制造业与服务业边界越来越模糊，呈现出“你中有我、我中有你”的特征。IBM 公司在制造业基础上开展 IT 业务，提出用“服务产品化”的方法创新 IT 服务，并成为提供硬件、网络和软件服务的大型跨国企业。通用电气基于 B2C 运作模式开展在线销售、在线设计、在线咨询等服务，促进产品生产与网络营销的一体化。

6. 产城融合成为实现形式

产城融合逐步成为现代产业园区发展的主流模式。各类园区在规划时，不仅注重规划产业配套，而且越来越注重周边的生活服务配套，为就业群体提供宜居的生活环境。如各类餐饮、宾馆、商场、娱乐、住宅等生活配套设施，形成了围绕产业发展的生活圈，由此构成了区域内制造业与周边生活性服务业的融合发展态势。

第四章　黑龙江省生产性服务业对制造业与区域经济的服务绩效研究

一、黑龙江省生产性服务业对制造业的互动过程分析

现有大部分研究把制造业与生产性服务业互动阶段划分为萌芽阶段、互动阶段、融合阶段，本书在总结文献的基础上，结合区域装备制造业与生产性服务业互动的特殊性，将两个产业的互动过程分为分工过程、合作过程、融合过程。

1. 分工过程

制造企业的分化主要原因在于生产性服务部门运作费用大于交易成本，这就促使企业中生产性服务业务的外包，生产性服务业由此产生。分工可以提高生产效率，参与分工的人员在业务操作上变得更加简单，操作的熟练程度及专业水平得到了提高，对于参与分工的企业也是如此，进而加深了产业分工。20 世纪 70 年代以来，发达国家逐渐加大工业结构的调整，企业创造的价值主要集中在生产过程，与生产加工联系不大的生产性服务不断地外包出去，成为社会化的专业服务。这一过程的生产性服务业还没有形成固定的发展模式，其组织较松散，服务功能也较单一，从服务对象上看，只为单一的企业提供单一的服务，而且有很多生产性服务业还没有摆脱原制造业的控制。生产性服务业还没有形成地理集群或企业集群。

2. 合作过程

经过了分工过程之后，生产性服务业快速发展，产业分工的细化使原来降低交易成本的优势变得不明显，效率的提高成为制造业与生产性服务业互动发展的

关键，因此，两个产业由近似的从属关系转变为合作关系。信息通信技术的蓬勃发展和广泛应用为两个产业之间信息的传递和知识的传播提供了便利，促进了两者的合作。合作过程与分工过程的主要区别在于，分工过程重视交易费用的降低，合作过程注重效率的提高。在这一互动过程中，生产性服务业占据着很重要的位置，而且产业已有一定的发展，出现多种类型的生产性服务企业，提供多样化的功能服务，为制造业提供更完备的中间需求。单一企业可以满足多家制造业的服务需求，出现大型的综合生产性服务业企业或是企业集群，生产性服务业企业和制造业企业的合作是稳定的，并出现群对单和群对群的互动模式，两者彼此促进。

3. 融合过程

在进入信息化阶段以后，生产性服务业与制造业边界逐渐模糊、走向融合。生产性服务业得到了迅速发展，成为国民经济的主导力量，出现大量的生产性服务业集群，内部资源共享机制完善，提供的服务主要是功能群服务，在制造业产业链条上形成一体化的生产性服务功能群，为制造业提供一体化的服务，这一过程主要强调知识的应用与提高。在整个融合过程中，主要是基于创新系统的。Muller 和 Zenker 认为，生产性服务业主要起到知识的生产和传播作用，它提高了制造业创新的能力并且得到自身创新的激励。Hauknes 和 Knell 研究发现，高技术服务业在集群中起到协调者与桥梁的作用，尤其表现在高技术制造业与其他产业集群之间。

二、黑龙江省生产性服务业对制造业的服务绩效研究

1. 生产性服务业与制造业耦合式发展模型构建

在处理时间序列宏观模型时，如不事先考虑时间序列变量的平稳性而回归滥用，可能会导致“伪回归”（Suspicious Regression），使得传统的回归模型所估计的参数丧失了应有的意义，而协整以及建立在协整关系基础上的误差修正模型为研究非平稳变量之间的定量关系奠定了理论基础。ECM 可以由自回归分布滞后

模型（ADL）变换而来。ADL 模型的一个重要特性就是可以改成多种形式而不影响模型对样本数据的解释能力，也不会改变回归参数的最小二乘法（OLS）估计值。ADL 模型的一般形式是：

$$y_t = \alpha_0 + \sum_{i=1}^{m} \alpha_i y_{t-i} + \sum_{j=1}^{p} \sum_{i=0}^{n} \beta_{ji} \chi_{jt-i} + \varepsilon_t \ \varepsilon_t \sim iid(0, \sigma^2) \tag{4-1}$$

其中，χ_{jt-i}中 j = 1，2，…，而 p 是外生变量，通常 p 表示外生变量个数，p = 1，2，3。m 和 n 分别表示 y_t和 χ_{jt}的最大滞后期。

任何一个 ADL 模型都可以转化变换成 ECM 形式，以一阶自回归分布滞后模型为例，记为 ADL（1，1）：

$$y_t = \alpha_0 + \alpha_1 y_{t-1} + \beta_1 \chi_t + \beta_2 \chi_{t-1} + \varepsilon_t \tag{4-2}$$

其中，$\varepsilon_t \sim iid(0, \sigma^2)$，$|\alpha_1| < 0$，

对式（4-2）两边同时减去 y_{t-1}，再在右边加减 $\beta_0 \chi_{t-1}$整理后得：

$$\Delta y_t = \alpha_0 + \beta_0 x_t + (\alpha_1 - 1) y_{t-1} + (\beta_0 + \beta_1) \chi_{t-1} + \varepsilon_t \tag{4-3}$$

在式（4-3）右侧同时加减（$\alpha_1 - 1$）χ_{t-1}整理后得：

$$\Delta y_1 = \alpha_0 + \beta_0 \Delta x_t + (\alpha_1 - 1)\left(y_{t-1} - \frac{\beta_0 + \beta_1}{1 - \alpha_1} \chi_{t-1}\right) + \varepsilon_t \tag{4-4}$$

模型（4-4）解释了因变量 y_t 的短期波动 Δy_t 是如何被决定的。一方面，它受到自变量短期波动 Δx_t 的影响；另一方面，取决于 ECM。ECM 反映了变量在短期波动中偏离它们长期均衡关系的程度。其中，$(\alpha_1 - 1)\left(y_{t-1} - \frac{\beta_0 + \beta_1}{1 - \alpha_1} \chi_{t-1}\right)$为误差修正项，$\left(y_{t-1} - \frac{\beta_0 + \beta_1}{1 - \alpha_1} \chi_{t-1}\right)$表示第 t-1 期的非均衡误差，$(\alpha_1 - 1) < 0$ 为误差修正系数，表示误差修正项对 Δy_t 的修正速度。

ECM 的优点在于其包含的全部差分变量和非均衡误差项都具有平稳性，一阶差分项的使用也消除了模型可能存在的多重共线性问题，保证了变量水平值的信息没有被忽视。假定 ADL 模型中的变量具有一阶非平稳性，只要变量之间存在协整关系，那么 ECM 模型中的误差修正项就具有平稳性，所有差分变量也具有平稳性，回归参数的估计量具有优良的渐进特性，剔除了伪回归问题，ECM 模型中的参数包括长期参数和短期参数，使分析变量的短期影响和长期影响变得极为方便。因此，综合使用 ADL 模型和 ECM 模型来研究黑龙江省生产性服务业

对制造业的短期影响和长期影响具有科学性和相对的精确性。

2. 实证分析

（1）变量选择及数据来源。本书主要探究黑龙江省生产性服务业与制造业之间的长期均衡关系，因此，本书的指标主要包括：黑龙江省制造业增加值：反映制造业发展状况的重要变量；生产性服务业（交通运输、仓储和邮政业、金融业、信息传输、计算机服务和软件业、租赁和商务服务业、科学研究、技术服务和地质勘查业）增加值：反映生产性服务业发展状况的最直观变量。原始数据分别来自《中国统计年鉴》（2001～2016年）、《黑龙江、哈尔滨、大庆、齐齐哈尔统计年鉴》（2001～2016年）。MAF代表黑龙江省制造业增加值，PSI代表生产性服务业增加值，由于数据的自然对数变换不改变原协整关系，可以消除时间序列中的异方差，因此对实际的数据分别取自然对数，然后用EViews 5.1软件对处理后的数据进行分析。

（2）单整检验。对变量数据序列LNMAF、LNPSI进行ADF单位根的检验，检验结果如表4－1所示，序列ADF检验的统计量值都大于5%的临界值，说明变量都存在单位根，接受了变量数列是非平稳的原假设，接着再对变量一阶差分进行单位根检验，得出在5%的显著性水平上，拒绝存在单位根的原假设，因此变量序列都是一阶单整，这说明黑龙江省生产性服务业与制造业之间具有长期稳定的关系。

表4－1　时间序列平稳性检验结果

变量	ADF	5%临界值	检验类型（c，t，k）	结论
LNMAF	－3.7426	－4.2465	（c，t，0）	非平稳
LNPSI	－3.2346	－4.2465	（c，t，0）	非平稳
ΔLNMAF	－4.3422	－4.1078	（c，t，0）	平稳
ΔLNPSI	－4.4527	－4.1078	（c，t，0）	平稳

注：检验形式t、c、k表示单位检验方程包括时间趋势、常数项和滞后阶数。

（3）协整检验。采用EG两步法检验变量之间的协整性。先对变量进行最小二乘回归，建立回归方程，根据回归方程求得残差 e_t，然后对 e_t 进行单位根检验。检验表明，ADF 值都小于5%的临界值，且 D. W. 接近于2，故残差项在5%的显著性水平上平稳，不存在单位根，说明两者存在协整关系，这种均衡关系构成了因果关系（见表4－2）。

表4－2 残差单位根检验

变量	（C，T，L）	ADF－t	临界值	AIC
Δu_1	（C，0，1）	－3. 3428**	－1. 9419	－4. 0056
u_2	（0，0，4）	－2. 5736*	－1. 9602	－4. 5017

注：*表示检验水平为0. 05 显著，**表示检验水平为0. 01 显著。

（4）方程及估计结果。考虑在小样本的条件下，协整参数估计量不是无偏估计量，这种偏倚将直接传给误差修正项，从而给短期参数的估计带来严重的偏倚。为了克服小样本条件下 EG 两步法的不足，菲利普斯和罗利坦建议用动态分布滞后模型估计长期均衡关系，根据 Hendry 从一般到特殊的方法，估计如下动态分布滞后模型：

$$Y_t = \sum_{i=1}^{m} \alpha_i y_{t-1} + \sum_{i=0}^{n} \beta_i X_{t-1} + \nu_t \qquad (4-5)$$

其中，α_i、β_i 是回归参数，ν_t 表示误差项，长期乘数 ϑ 是用式（4－5）中的回归参数的 OLS 估计值按下列公式计算得到：

$$\vartheta = \sum_{i=0}^{n} \hat{\beta}_i \Big/ \left(1 - \sum_{i=1}^{m} \hat{\alpha}_{ii}\right) \qquad (4-6)$$

根据式（4－1）ADL 模型，估计黑龙江省生产性服务业与制造业的方程如下：

$$\underset{(1.58)}{LNMAF_t = 0.0194} + \underset{(-3.09)}{0.2563LNMAF_{t-1}} + \underset{(5.74)}{0.6824LNPSI_t} - \underset{(3.15)}{0.0564LNPSI_{t-1}}$$

$$R^2 = 0.83 \qquad D.W. = 2.16 \qquad (4-7)$$

括号内的 t 检验值具有95%的可靠性，D. W. 接近于2，故不存在自相关，$R^2=0.83$，说明制造业83%可以通过生产性服务业的整合措施变动来解释，根据式（4－5）计算出长期乘数 $\vartheta=0.8417$，则长期均衡方程为：

$$LNMAF_t = 0.8417LNPSI_t \qquad (4-8)$$

再以（e）为基础，建立如下误差修正模型：

$$\Delta LNMAF_t = 0.4276LNGDP_{t-1} - 0.2941LNPSI_t - 0.1013ECT_{t-1}$$
$$(6.23)\qquad\qquad(-2.46)\qquad\qquad(-4.36)$$
$$R^2 = 0.87 \qquad D.W. = 1.95 \qquad\qquad (4-9)$$

括号里的t检验值具有90%的可靠性，误差修正系数为-0.1013小于零，符合反向修正机制。短期乘数为0.2941小于长期乘数0.8417。

（5）基本结论与建议。

分析表明，不管是从短期看还是从长期看，黑龙江省生产性服务业对制造业的增长都具有非常重要的作用。长期来看，生产性服务业增加值每提高1个百分点带来制造业增长0.8417个百分点，说明生产性服务业对制造业发展的拉动作用相对较小。具体而言，制造业对生产者服务业中的交通运输及仓储业、金融保险业的使用水平已相对稳定，且对信息服务和软件业、租赁和商务服务业的使用呈上升趋势；生产者服务业对造纸及文教用品制造业、金属冶炼及压延工业、机械工业和交通运输设备制造业已相对稳定，而对电气机械及器材制造业、电子及通信设备制造业的使用呈上升趋势。制造业中的家具制造业、非金属矿物制品业、金属制品业、电气机械及器材制造业对生产者服务业的使用较多，而纺织业、造纸及文教用品制造业、交通运输设备制造业、电子及通信设备制造业则对生产者服务业的投入较多；生产者服务业中的科学研究事业、信息服务和软件业、租赁和商务服务业对制造业的使用较多，而交通运输及仓储业、金融服务业对制造业的投入较多。

相比于国内其他地区，黑龙江省生产者服务业对制造业的中间投入率较低，而制造业对生产者服务业的中间投入率却偏高。从黑龙江省制造业对生产者服务的使用来看，交通运输及仓储业历年所占比重都很大，而交通运输及仓储业对信息服务和软件业的使用却较低。相对于发达国家及地区，黑龙江省物流业的现代化发展相对缓慢，其运作水平极为粗放，社会化、专业化水平低，经济增长付出的物流成本太高。在未来保持产业结构稳健性的同时，应努力提升制造业的服务化水平，促进生产者服务业与制造业的良性互动，进而促进产业升级。具体来说，至少可以从以下几方面入手：

1）强化产业关联，构建有利于黑龙江省生产性服务业与制造业融合发展的互动机制。大力发展产业内部的专业化分工体系，推动企业通过经营管理方式创新，逐步将发展重点集中于技术研发、市场拓展和品牌运作，将一些非核心的生产性服务环节剥离为社会化的专业服务，以核心竞争优势整合专业配套企业的服务供给能力，进一步优化产业布局。要充分考虑哈尔滨、大连、齐齐哈尔三个城市建设、交通、居住、环境以及社会经济发展趋势等因素，整合现有资源，科学合理地划分生产性服务业不同的功能区域，实现专业化服务，逐步实现生产性服务业的有效集聚。

2）按照“统一规划，统筹安排，整体布局，重点推进，功能合理，政策配套”的原则，协调发展区域间的生产性服务业。根据区域产业特点以及生产性服务业发展水平以及内部结构情况规划和发展，力求它们在功能定位上各具特色又与制造业协调发展。

3）突出重点，推进生产性服务业加快发展。生产性服务业发展应坚持需求导向，分轻重缓急，有重点地有序推进。从黑龙江省生产性服务业发展的现实基础和制造业发展的实际需求看，以金融服务业、现代物流业、信息服务业、科技服务业、商务服务业、商贸流通业六个行业拟作为当前和今后一个时期的生产性服务业的发展重点。在具备条件的城市，规划建设中央商务区，集中布局金融和商务服务机构，积极引进国内外大型企业的地区总部、研发机构和服务中心。在城市科研院所和高校集聚区，集中建设布局科技公共服务平台。在城郊结合部和交通道口与发展块状经济相结合，建设大型产品交易批发市场。依托开发区的产业规模和特色，发展研发设计、科技创业等服务，形成区域性科技服务体系。依托工业集中区制造业企业集聚和产业自成体系的特点，发展专业物流、物资配送和企业供应链管理等服务，形成区域性物流中心。依托公路铁路站场、机场等，布局和发展大宗物资集中采购、统一配送的综合物流，形成跨区域物流基地，建立与新型工业化相适应的生产性服务业体系。

在英美等发达国家，生产性服务业已经成为经济发展的主要支撑力量。纵观这些国家的发展历程，生产性服务业表现出了集群化、网络化等特征，政府在其中发挥了重要的引导推动作用。针对黑龙江省生产性服务业发展现状和存在的问题，要学习和借鉴发达国家和地区发展生产性服务业的经验，通过政府积极引导，完善政策措施，整合服务资源，创新发展模式，拓宽服务领域，增强服务功能，规范服务市场，不断提高黑龙江省工业物流、金融保险、科技服务、商务服务、信息服务等生产性服务业的比重和水平，提升产业素质和竞争力，促进现代制造业与生产性服务业有机融合、互动发展，促进黑龙江省的经济协调发展。

三、黑龙江省生产性服务业发展与经济增长的关系

1. 数据与变量

分析所采用的样本取自 1998 ~ 2016 年的黑龙江省历年经济数据，数据来源于 2015 年的《黑龙江统计年鉴》。用黑龙江省生产性服务业（SVP）反映生产性服务业发展状况；用宏观经济总量指标代表黑龙江省生产总值（GDP）的影响，首先，用以 1998 年为基期的 GDP 指数和现价的 GDP 指数生成 GDP 平减指数（DPI）。然后，用 DPI（1998 = 100）对 GDP 和 SVP 进行平减，以此消除物价变动对 GDP 和 SVP 的影响。同时分别用 RGDP 和 RSVP 代表以 1998 年为基期的黑龙江省实际生产总值和实际服务业产值。由于数据的自然对数变换不改变原来的协整关系，并能使其趋势线性化，消除时间序列中存在的异方差现象，所以对 RGDP、RSVP 进行自然对数变换，分别用 LRGDP、LRSVP 表示自然对数变换后的以 1998 年为基期的实际黑龙江省生产总值、实际服务业产值，进而反映经济增长状况。

2. 时间序列的单位根检验

从表 4 - 3 可以看出，在 5% 的显著性水平下 RGDP、RSVP 是非平稳序列的，同时，拒绝 d（LRGDP）、d（LRSVP）序列具有单位根的假设，这说明在 5% 的显著性水平下，时间序列经过一次差分之后都变得平稳了。因此，LRGDP、LRSVP 是一阶单整 I（1）序列，通过了单位根检验就可进行下一步的协整分析。

3. 协整检验

采用 EG 两步法检验变量之间的协整性。用 OLS 方法先对变量进行最小二乘回归，建立回归方程：

$$LRGDP_t = 2.239 + 0.8597 LRSVPt_t + \hat{u}_t \qquad (4-10)$$

$R^2 = 0.99 \quad D.W. = 0.9$

表 4－3　单位根平稳性检验结果

变量	ADF	临界值（5%）	检验类型（c，t，k）	结论
LRGDP	-4.008157	-4.498649	（c，t，0）	非平稳
LRSVP	-1.982344	-2.058208	（c，t，0）	非平稳
ΔLRGDP	-4.107833	-2.743737	（c，t，0）	平稳
ΔLRSVP	-1.982344	-1.062376	（c，t，0）	平稳

注：检验形式 t、c、k 表示单位检验方程包括时间趋势、常数项和滞后阶数；加入滞后变量是为了使残差项成为白噪声；滞后期数 k 的选取由 AIC（Akaike Information Criterion）准则确定。

为了确定 LRGDP 和 LRSVP 序列是否存在协整关系，需要检验式的残差序列 U_t 的平稳性。运用 ADF 检验法对 U_t 进行单位根检验，得到的结果为，

$$\Delta U_t = -0.556U_{t-1} + 0.5728\Delta U_{t-1} + \varepsilon_t \tag{4-11}$$

$$t = (-3.255) \qquad (2.874)$$

$R^2 = 0.87$　D. W. $= 1.983$

其 ADF 检验值为 -3.255，5% 的临界值为 -1.97，由于在绝对值上所估计的 ADF 检验值大于该临界值，可以看出所估计的 U_t 是平稳的（即没有单位根）。因此，尽管 LRGDP 和 LRSVP 个别而论并非平稳的，但两者却存在着协整关系，即长期均衡关系。从式（4－11）中可以看出，LRGDP 与 LRSVP 之间具有较高的相关性，假设其他条件不变，RGDP 对 RTIP 的弹性为 0.8597，即黑龙江省生产性服务业产值每增加 1%，将促进经济增长 0.8597%。可见，生产性服务业对经济增长的拉动作用较大。

4. 误差修正模型（ECM）

通过协整检验可以看出，LRGDP 和 LRSVP 之间存在长期均衡关系，当然，在短期内也许会出现失衡，采用 Hendry 从一般到特殊的建模方式可以得到 ECM。

再以（e）为基础，建立如下误差修正模型。

$$\Delta LRGDP_t = 0.0246 + 0.9447\Delta LRGDP_{t-1} + 0.0325\Delta LRSVP_t - 0.247\Delta LRSVP_{t-1} - 0.0896ECM_{t-1} + \varepsilon_t \tag{4-12}$$

$R^2 = 0.725$　D. W. $= 2.244$　$F = 19.665$

括号里的 t 检验值具有 95% 的可靠性，误差修正系数分别为负，符合反向修

正机制，在式（4－12）中，Δ 表示一阶差分；ECM_{t-1} 表示式（4－12）中的残差的一期滞后值，作为均衡误差项的经验估计；而 ε 是具有通常性质的误差项。式（4－10）把 LRGDP 和 LRSVP 的短期动态变化以及前期的“均衡”误差联系起来。在此回归中，ΔLRSVP 象征着 LRSVP 中的短期干扰而误差纠正项 ECM_{t-1} 象征着朝向长期均衡的调整。在式（4－12）中，不存在自相关，且误差修正项的回归系数为负值，符合反向修正机制，从误差修正模型可以看出：黑龙江省生产性服务业的短期波动将引起经济增长同方向变化；长期来看，协整关系式起到引力线的作用，将非均衡状态拉回到均衡状态，如果本期的黑龙江省经济增长偏离长期均衡值，那么到下一时期这一偏离度将有 8.96% 得到纠正或清除。

5. Granger 因果关系检验

协整检验结果证明了黑龙江省生产性服务业与经济增长之间存在长期稳定的均衡关系，但这种均衡关系是否构成因果关系，还需进一步检验。借助 Granger（1969）提出的因果关系检验方法对这一问题进行分析。Granger 因果关系检验实质上是检验一个变量的滞后变量是否可以引入其他变量方程中。一个变量如果受到其他变量的滞后影响，则称它们具有 Granger 因果关系。Granger 因果关系检验中一个重要的问题就是滞后阶数的确定。检验方法为 EViews 5.1 软件提供的 Granger 因果分析方法，张晓峒（2008）认为滞后期数的选取是任意的，以 X_t 和 Y_t 为例，如果 X_{t-1} 对 Y_t 存在显著性影响，则不必再做滞后期更长的检验，否则应该再做滞后期更长的检验。在选择滞后阶数时，一方面想使滞后阶数足够大，以便能完整反映所构造模型的动态特征。但是另一方面，滞后期越大，需要估计的参数也就越多，模型的自由度也就越少。所以通常进行选择时，需要综合考虑，既要有足够数目的滞后项，又要有足够数目的自由度。同时，对滞后阶数定为 2，对两变量的 Granger 因果关系检验结果如表 4－4 所示。

表 4－4　格兰杰因果检验

零假设	滞后期数	F－统计量	概率	结论
LRSVP 不是 LRGDP 的 Granger 原因	2 期	3.574	0.0473	拒绝
LRGDP 不是 LRSVP 的 Granger 原因	2 期	13.0431	0.0103	拒绝

可以看出，从长期来看，黑龙江省生产性服务业发展是经济增长的 Granger 原因；经济增长也是黑龙江省生产性服务业发展的 Granger 原因。

当前，黑龙江省生产性服务业发展处于一个关键时期，加快发展生产性服务业，不仅可以直接拉动黑龙江省经济增长，满足人民日益增长的物质文化生活需要，开拓就业门路，提高服务的社会化、专业化水平；而且有利于促进市场经济发育，优化资源配置，提高黑龙江省的经济整体效益和运行质量。要采取切实可行的措施加快发展服务业，优化产业结构，从而进一步促进黑龙江省生产性服务业健康发展和经济又好又快的发展。总体来说，可以得到以下结论：

第一，黑龙江省生产性服务业的发展还处在非常低级的阶段，目前产业发展状况与产业发展政策导向有一定的脱节，不仅需要产业自身升级提升，更加需要宏观发展模式、体制机制和制度层面进行完善。

第二，黑龙江省生产性服务业的发展还不能有效支撑制造业的发展，其服务业整体呈现发展水平低、信息化程度低，技术水平和创新能力均有待提高的现状，严重制约了其对制造业生产过程的有效供给。

第三，黑龙江省两个产业之间没有形成耦合式发展的局面，且仍然处于初级水平。黑龙江省制造业的强大实力为生产性服务业的发展提供了物质支持，并能够推动其发展。然而，生产性服务业的落后导致对制造业生产过程的服务和促进作用有限，两者的耦合式发展关系仍在较低的水准。

因此，如何提高黑龙江省生产性服务业的发展水平，加强其对制造业的支撑力度，成为推动两者耦合式发展的关键要素之一。本书将在第五章对黑龙江省生产性服务业进行实证分析，以全面探究其发展的影响因素。制造业集群发展为生产性服务业拓展了发展的空间，制造业的外包推进了生产性服务业的进一步发展，需要进一步研究生产性服务业对制造业的支撑作用等。

第五章　黑龙江省“十二五”时期制造业发展回顾及“十三五”时期展望

一、“十二五”时期制造业发展回顾

“十二五”时期，黑龙江省工业经济的总体规模和综合实力稳步提升，转型升级步伐不断加快。“十二五”期间，全省规模以上工业企业累计实现工业总产值为62424亿元比“十一五”净增26456亿元增长73.6%；累计实现工业增加值为22155亿元。“十二五”期间，全省累计实施500万元以上工业项目有28731个，完成工业固定资产投资达1.82万亿元，建成投产项目有19084个。制造业作为工业稳增长的重要支撑，在促进工业规模扩大、结构优化、创新发展中发挥了积极作用。

（1）规模实力不断壮大。“十二五”期间，全省制造业规模以上企业累计实现产值43558亿元，比“十一五”增长98.1%，占全省规模以上工业的70%；实现工业增加值9930亿元，占全省规模以上工业的44.8%，是拉动工业经济增长的主要动力。截至“十二五”末，制造业规模以上企业有3591户，资产总额为7862亿元，分别占全部规模以上工业企业的87%、54.5%。发电设备、重型装备等一批主导产品在全国占有重要地位，在神舟系列载人航天器、嫦娥探月工程、北斗导航、蛟龙载人潜水器等国家重大工程中，“龙江制造”综合实力得到充分展示。

（2）产业结构持续优化。“十二五”期间，全省工业结构调整呈现积极变化，总体向调优、调轻的方向加快转变。制造业占工业的比重不断提升，装备工业、食品工业快速增长，并成为全省工业结构优化的重要力量。国有及国有控股企业占比逐步下降，非公有制经济保持较快增长。到“十二五”末，轻重工业的比例由“十一五”末的17∶83调整为30∶70；制造业与采掘业的比例由“十一五”末的45∶50调整为53∶38；全省国有及国有控股企业的增加值、主营业务收入、利税占规模以上工业的比重，分别由“十一五”末的73.4%、59.4%、80.1%降至56.6%、41.8%、56.2%。“十二五”期间，滚动实施投资亿元以上的“双百工程”重点工业项目有779个，累计完成投资2783.6亿元，其中战略性新兴产业项目完成投资1634.3亿元，占“双百工程”项目完成投资的58.7%，战略性新兴产业逐步形成规模效应。

（3）创新能力稳步提升。“十二五”期间，全省关键技术攻关、新产品开发、企业技术中心建设、产学研联合、企业信息化和高新技术产业化等工作扎实推进。累计认定和推广重点领域首台（套）产品126个，其中35个产品实现规模化生产；全省工业企业开发重点新产品1140个，其中434项填补国内空白，63项达到或接近世界先进水平。省级以上企业技术中心达到204个，其中国家级企业技术中心13个。企业研发投入占主营业务收入比重（R&D）平均为0.99%，比“十一五”提高0.19个百分点。依托“互联网+”“大数据”等服务于制造业的跨界融合、服务型制造、电子商务等新业态、新模式加速发展，一批典型企业的示范引领作用不断显现。

（4）两化融合进程加快。“十二五”期间，信息技术在工业领域应用不断深化，企业两化融合管理体系达标进入推广阶段，940户企业完成两化融合评估诊断和对标引导，有7家企业成为国家两化融合管理体系达标企业。哈尔滨被列为国家云计算服务创新发展试点；哈尔滨、大庆入选全国首批信息消费试点城市和“宽带中国”示范城市。全省工业企业产品研发设计、流程控制、企业管理、市场营销、人力资源开发等环节的自动化、智能化和管理现代化水平不断提升。全省重点企业的ERP（企业资源计划）普及率指数为68.2%，MES（生产执行系统）普及率指数为76%，PLM（产品生命周期管理）普及率指数为71.5%。

（5）军民融合扎实推进。“十二五”期间，军工高新技术向民用领域转移加快，军工民品规模不断扩大。飞机、发动机、特种车、压力容器、风电装备、汽车电子等优势产业保持稳步提高，机器人、燃气轮机、电子传感器、卫星应用、钛合金、增材制造等高新技术产业取得新进展，对地方经济发展的拉动作用增强。军工科技成果转化平台初步建立，并为“大众创业、万众创新”提供有力支持。

（6）园区建设开放合作步伐加快。截至“十二五”末，创建国家级新型工业化产业示范基地10个，培育省级新型工业化示范基地12个；全省县域工业园区发展到66个，入驻企业有2983户，实现产值达2861亿元，基础设施和服务平台建设累计投入达到150亿元。“十二五”期间，全省制造业合资合作水平稳步提高，项目建设载体不断壮大。与央企合作进一步深化，一批“央企合作”“民企龙江行”“中俄博览会”“龙港交流合作”等招商引资推介生成的制造业重大项目相继落地，“十二五”期间，制造业利用外资完成投资350亿元。

（7）节能降耗成效显著。“十二五”期间，全省工业节能降耗、清洁生产、资源综合利用取得显著成效，综合能耗持续下降，能源利用率明显提升。2015年全省规模以上工业企业能耗为4975万吨标准煤，比“十一五”末下降14.1%。“十二五”期间，全省规模以上工业企业增加值能耗下降33.4%，超额完成了下降21%的预期目标。

“十二五”期间，全省制造业发展取得了一定的成就，但也存在一些亟待解决的问题。体制机制性矛盾急需破解，国有企业辐射带动作用不强，区域市场化总体水平不高，非公经济活力释放不足；结构性矛盾突出，重化工业特征明显，总体产业层次不高；部分行业市场主体竞争力不强，创新发展能力不足，科技成果转化能力弱，高新技术、新兴产业占比不高，提升速度缓慢；资源转化质量不高，精深加工比重偏小，产业集中度偏低。此外，思想观念落后，忽视市场营销，不善于与资本市场合作等，也成为工业经济发展的掣肘因素。

二、“十三五”面临的形势

（1）面临的形势。新一代信息技术与制造业融合发展，是新一轮科技革命、产业变革的主线，这给制造业的生产方式、发展模式和产业生态带来革命性影响。从国际发展趋势看，世界主要经济体纷纷制定“再工业化”战略，推动中高端制造业回流，制造业重新成为经济竞争的制高点，智能制造、绿色制造和生产性服务业成为制造业转型的发展趋势。发展中国家利用低成本竞争优势，吸引劳动密集型产业和低附加值环节转移。发达国家高端制造业回流、新兴经济体争夺中低端制造业转移，并对我国形成“双向挤压”。从国内发展格局看，《中国制造2025》突出高端引领，沿海发达省份利用早期的市场、资金、技术积累和人才集聚优势，转型升级加速，先发优势明显。中部地区占有承接东部沿海发达地区产业转移的区位优势，发展一般性制造业的比较优势明显。从全省发展实际看，在经济新常态大背景下，供给侧结构性改革矛盾集中，一般性投资意愿减弱，重化工业受产能过剩影响，形成约束性传导，成长空间受限、市场需求不足，战略性新兴产业的支撑作用不强，制造业转型升级任务艰巨。

（2）优势与潜力。全省制造业发展的优势和潜力主要集中在以下几个方面：一是国家重大举措释放政策红利。“十三五”期间，“一带一路”“新一轮东北振兴”“中国制造2025”“大众创业、万众创新”“国际产能合作”等重大政策，将有力地助推制造业加快发展。二是制造业优质存量释放比较优势。电站成套设备、轨道交通、数控机床及军工领域的产业体系较为完整，其技术积累与商业模式成熟，部分产品具有较强竞争力。三是资源有优势、总需求增长领域潜力突出。高品质乳制品、肉制品、高端食品制造的消费需求升级、产品升级，市场空间巨大。加强煤化及石化产业链协作配套，延长产业链条，提升石墨、钼、铜等矿产资源精深加工，产业升级潜力较大。四是民营经济动力增强。借助国企改革发展混合所有制经济，市场主体规模不断壮大，承载制造业发展的基础更加牢固，开展“大众创业、万众创新”，催生了新业态、新模式，并为制造业转型发展提供强大动力。五是科技成果转化引领增量扩张。科技成果转化机制不断完善，加快与资本市场对接合作，科技成果转化助推科技型企业加快成长，不断形成新的经济增长点。六是人力资源支撑潜力巨大。全省有81所普通高校、724家科研院所、80多万专业技术人员、41位两院院士，近百万支撑制造业发展的技术工人和优秀企业家队伍，可为全省制造业发展提供重要的人才保障。

三、基本思路和目标

1. 指导思想

全面贯彻落实党的十八大和党的十八届三中、四中、五中、六中全会精神，全面贯彻落实习近平总书记对黑龙江省的重要讲话精神，牢固树立创新、协调、绿色、开放、共享的发展理念，深入落实全省创新实施“五大规划”，抢抓新一轮东北振兴和《中国制造 2025》等重要机遇，坚持稳中求进工作总基调，坚持以推进供给侧结构性改革为主线，扎实推进两化深度融合，以智能制造为主攻方向，大力振兴实体经济，构建以先进装备制造业、资源精深加工业、战略性新兴产业和现代服务业为支撑，大中小微企业协调并进，军民融合创新发展，新技术、新产品、新业态、新模式加速壮大的现代产业新体系，着力建设工业强省，为老工业基地振兴和全面建成小康社会奠定坚实基础。

2. 基本原则

（1）市场主导，政府引导。坚持发挥市场在资源配置中的决定性作用，强化企业的主体地位，加快壮大市场主体，激发企业活力和创造力。切实转变政府职能，优化发展环境，完善发展机制，加强政策保障。

（2）立足当前，着眼长远。坚持发挥比较优势，挖掘有资源优势、市场总需求增长产业的潜力，加速壮大产业规模。依托“互联网 +”厚植新业态、新模式，加快发展战略性新兴产业，抢占制造业未来发展制高点。

（3）统筹规划，突出重点。坚持规划引领，不断优化产业布局，把握制造业发展趋势，突出问题导向，突破瓶颈制约，找准发展路径，努力提升高端制造、资源精深加工和战略性新兴产业的发展质量和水平。

（4）创新驱动，合作发展。坚持创新驱动，完善制造业创新体系，围绕产业链，部署创新链，加快科技成果转化，促进军民技术双向转移。把握“一带一路”倡议机遇，发挥对俄罗斯合作的区位优势，坚持“出口抓加工，进口抓落地”，依托国际产能合作和装备制造业“走出去”，打造开放合作新引擎。

（5）节能降耗，绿色发展。坚持绿色发展，强化制造业约束性指标管理，开展节能、节水示范引领，加快形成绿色生产消费观念。把握工业化中后期生态资源的宝贵价值，加快构建具有竞争力的绿色制造产业体系。

3. 发展目标

到2020年，制造业规模以上工业企业增加值年均增长3%左右。制造业创新体系不断完善，信息化水平大幅提升，制造业与互联网加速融合，数字化、网络化、智能化取得明显进展，重点产品质量效益稳步提升，重点行业单位工业增加值能耗、物耗及污染物排放明显下降；以“互联网+”应用为主的工业云大数据中心、行业公共服务平台建设取得积极进展，制造业领域的新技术、新业态、新模式健康有序发展；全省制造业空间布局进一步优化，战略性新兴产业快速增长，高端装备制造、高品质食品制造的竞争力不断提升。

——结构进一步优化。到2020年，制造业增加值占规模以上工业的比重稳步提高；战略性新兴产业规模不断壮大。制造业内部结构不断优化，高端装备、食品制造等优势产业占比稳步提升。

——质量效益进一步提高。到2020年，制造业全员劳动生产率达到全国平均水平。食品制造、高端装备等优势产业形成“品牌效应”，并形成一批重点企业和优势产品，引领全省制造业向产业链和价值链高端迈进。

——集群优势进一步凸显。到2020年，年主营业务收入超过100亿元的企业集群不断扩大，高端装备制造和绿色食品制造形成1000亿级产业集群，战略性新兴产业集群规模不断壮大。

——创新能力进一步增强。争取建成1～2家国家级制造业创新中心（工业技术研究基地），形成一批省级制造业创新中心，重点行业技术创新能力达到国内先进水平，制造业创新体系进一步完善，省级以上企业技术中心争取达到300家。

——绿色发展态势进一步稳固。到2020年，绿色制造能力稳步提升，规模以上企业单位工业增加值能耗比“十二五”末下降18%。

——两化融合进一步提升扩展。到2020年，两化融合管理体系达标试点不断扩大，制造业企业互联网普及率、信息技术集成应用水平不断提升。

四、发展重点

围绕工业强省建设，推动制造业加快转型升级。依托产业基础、资源禀赋、科技实力和人才优势，全面对接《中国制造 2025》，瞄准新一代信息技术、高端装备、新材料、生物医药等重点行业，全面提升制造业研发设计、生产制造和经营管理水平，引导创新资源加速集聚，驱动制造业智能转型，着力推动有产业基础、资源优势、需求空间、成果储备的制造业重点领域加快发展。

（1）电力装备。瞄准发电设备清洁高效的发展趋势，培育拥有核心创新能力、主业突出、具有一定国际竞争力的大型电力装备企业集团，建立比较完整的电力装备制造协作配套体系，将黑龙江省建成国家重要的电力装备制造产业基地。

水电、火电产业。以低排放、高效率、更大容量火电机组和高性能、大容量水电机组为重点，稳固大型火电、水电在行业中的全国领先地位。以哈电集团等骨干企业为依托，大力发展优化型百万千瓦级火电机组，重点开发 35 万千瓦流化床锅炉及 66 万～100 万千瓦等级的二次再热机组，加强大型贯流、超高水头和可变速抽水蓄能、冲击式水轮机组研制，加快新疆、蒙东煤燃烧技术，褐煤取水技术开发。

核电产业。以消化吸收再制造三代核电技术，开发第四代核电技术为重点，打造国家级电力装备制造基地。以一重集团、哈电集团、佳木斯电机公司为依托，重点发展核岛、常规岛主设备、大型铸锻件及其他辅助设备。核岛主设备，重点开发反应堆压力容器、轴封式主泵、堆内构件、锻制一回路主管道和稳压器等核Ⅰ级设备。掌握第三代核电装备中压力容器的设计及制造技术，提供国产二代改进型、西屋联合体 AP1000 和法玛通 EPR 三类堆型压力容器。常规岛主设备，重点发展第三代百万千瓦级半转速核电汽轮发电机组及其本体辅机，研发 CAP1400/1700 汽轮发电机组。大型铸锻件，开发百万千瓦级核电装备大型铸锻件，提供全部核岛主设备锻件及低压半速整锻转子等常规岛大型铸锻件。其他设备，重点发展非能动余热热交换器、高参数二次再热机组，模块化、分布式联合循环发电装置，核二级、三级压力容器、汽水分离再热器、高压加热器等辅助设备。开发核电站全范围实时仿真平台及数字化核电站在线实时监控平台，自主研发核电站用机器人。立足自主研发，加强与国内设计研究院所合作，重点发展IE级K1、K2、K3类核用电动机和高温气冷堆一回路主氦风机及驱动装置。

燃气轮机产业。引进消化吸收F级重型燃气轮机技术、巩固中小型燃气轮机产品谱系，打造哈尔滨燃气轮机装备制造基地。以哈尔滨汽轮机厂为依托，加大与GE公司、AVI公司的技术合作，加快重型燃气轮机技术引进、消化、吸收，实现首台“9HA”本地化制造。以30万千瓦F级中低热值燃气轮机为目标，完成关键部件设计、试验论证和样本试制，开展F级中低热值燃料重型燃气轮机关键技术和产品研制，建设重型燃气轮机批量制造基地。以中船重工七〇三研究所、龙江广瀚中小燃气轮机产业园为依托，加快中小型燃气轮机、船用燃气轮机总装、整机实验和配套设备平台建设，打造中小型燃气轮机总装集成基地。依托中航东安集团，形成覆盖18～6000千瓦、型谱完整的多型号应急备用电源、分布式供能、军用装备燃机批量制造能力，建设微小型燃气轮机产业基地。开展燃烧室、高低压涡轮、空心叶片等高温热端部件研制，建设燃气轮机热端部件研发制造基地。

风电产业。依托骨干企业推进风电机组产品标准化、系列化和型谱化，围绕风电市场建设，释放风电装备产能。以北方工具、桦南华锐风电、黑河上海风电、大庆瑞好集团为依托，加快1.5兆瓦双馈式、半直驱式、永磁直驱式风力发电机组规模化生产，开发2.5兆瓦以上风力发电机组。同时，开发2.0兆瓦以上适合平原地区使用的风力发电机组、3兆瓦及以上海洋风力发电机组。以佳木斯电机股份有限公司、九洲电气股份有限公司等为依托，重点发展1.5兆瓦及以上异步电机、同步双馈电机、永磁电机和1.5兆瓦及以上风力发电机叶片，加快研发碳纤维等新型材质叶片。发展风电增速箱、主控系统、变流器及风力发电装备铸件、液压件、变压器、电缆等零部件。

（2）航空航天装备。把握国家空管领域改革和低空空域开放形成的市场机遇，积极争取国家“两机”重大专项支持，着力构建技术研发、生产制造、航空材料、通用航空服务及相关配套产业协调发展的产业体系。以飞机发动机、先进直升机、通用飞机等系列产品为重点，打造国内直升机、轻型多用途飞机、支线飞机生产基地。积极引进国内外高层次航天技术团队，强化资源配置能力，加快商业模式创新，促进军民两用技术转化和科技成果转化。整机，以哈飞集团公司、哈飞通用公司为依托，巩固扩大 Z9、Z15 等直升机市场，着力发展 AC321C 新一代高原直升机等先进系列产品和 Y12F 及 Y12 系列通用飞机。争取国家重型直升机项目布局。以哈工大机器人集团等骨干企业为依托，发展涵道式无人机、多旋翼无人机、固定翼无人机、单旋翼无人机，做大无人机产业规模。发动机，依托中航东安集团，研发涡轮 16 型号发动机、先进民用直升机发动机、先进轻型双发直升机发动机，着力发展航空传动、辅助动力装置、航电关键部件、减速传动系统。功能部件，依托哈飞空客复合材料有限公司、中航哈轴有限公司、航天海鹰哈钛有限公司等骨干企业，着力发展航天复合材料、航天轴承及零部件，巩固现有国产飞机、直升机和通用飞机材料研制能力。发挥哈尔滨工业大学卫星技术、空间激光通信技术优势，着力加快推进航天器、应急空间飞行器等新型航天装备及核心技术的研发应用。加快卫星技术及应用产业园建设，重点发展北斗导航系统应用与移动互联网、物联网、大数据、云计算等新一代信息技术相融合，推进基于北斗导航系统的智慧农业、智慧林业、智慧城市、智能交通、跨境物流等领域的发展。推动高分数据应用增值服务，满足道路规划、城区监测、水情分析、抢险救灾、国土资源监测和林业资源调查等应用需求。

（3）轨道交通装备。保持国内铁路货车市场占有率、主营业务销售收入利润率、全员劳动生产率的领先地位，将黑龙江省铁路货车制造业打造成为世界级先进水平。以齐齐哈尔轨道装备公司为依托，重点发展铁路货车、铁路救援起重机、特种集装箱、站场装备。建设国家重载快捷铁路货车工程技术研究中心，完善基础平台、技术平台、产品平台，进而推动铁路货车行业技术创新和产业升级。以哈尔滨轨道交通装备公司、牡丹江轨道交通装备公司为依托，建设货车修理及出口车基地和关键配件制造基地。以一重集团、哈飞工业公司等为依托，加强与中国通用咨询公司的合作，进军高铁配套行业。加强国际产能合作，实现从产品输出到技术输出和资本输出的跨越。

（4）高档数控机床。开发高速、精密、智能、复合、多轴联动并具备网络通信功能的高档数控机床，提升自主研发能力，突破稳定性、可靠性、一致性等关键技术，打造国家级重型数控机床产业基地。整机，以齐重数控、齐二机床为依托，面向航空航天、船舶及海洋工程、轨道交通、汽车等行业，重点发展重型数控立卧车床、铣镗床、多工位压力机；以华工机床为依托，重点发展物理钢材试样专用机床、重型超精度镜面铣磨数控专用机床，打造齐齐哈尔数控重型机床产业集群。功能部件，以哈量集团、哈尔滨第一工具厂为依托，重点发展时栅传感器，高精度、高性能精密量仪类，高精度数控刀具及工具；以齐二机床、哈工大华工、福瑞达等企业为依托，重点发展摆角铣头、高力矩电机和滚柱丝杠；以哈超精密为依托，重点发展超精密气浮主轴、系列超精密气浮直线导轨和系列高速超精密电主轴等高性能产品，打造哈尔滨机床功能部件产业集群。增材制造，着力发展增材制造（3D 打印）装备，瞄准钛合金、高强合金钢、高强铝合金以及非金属工程材料等方向，攻克材料制备、打印头、智能软件等瓶颈，尽快形成产业规模。以哈量集团、齐重数控、齐二机床为依托，加强企业系统集成解决能力建设，研发成组工艺生产线，为用户提供成套设备解决方案，围绕远程诊断、在线监测、全生命周期管理等引导企业向服务型制造转变。

（5）机器人。抢抓机器人产业发展机遇，积极培育龙头企业和关键零部件配套企业，建设以市场为导向、以企业为主体、产学研用紧密结合的产业体系，成为全国机器人技术的重要输出源头，打造哈尔滨机器人产业集群。充分发挥哈尔滨工业大学、哈尔滨工程大学等院校的成果和人才优势，提升哈工大机器人集团、哈尔滨博实自动化公司等重点企业的研发、制造能力，重点开发用于航空、汽车、电子、洁具、冶金、家电、仓储、物流等领域的工业机器人；用于医疗、家庭、餐饮、国防军工等领域的服务机器人。进一步加大研发投入，强化关键技术攻关，力争在系统集成减速系统、伺服系统等关键技术环节实现突破。

（6）汽车。抢抓传统汽车技术优化、新能源汽车加速扩张的市场机遇，优化整车产品结构，推进整车量产规模化，提升配套服务能力。整车，以长安福特哈尔滨分公司、大庆沃尔沃汽车公司为依托，打造高端乘用车，提升规模化生产水平，带动配套产业发展，形成较为完整的汽车产业链。以黑龙江龙华汽车、哈尔滨通联客车、哈尔滨龙江客车等企业为依托，发展新能源客车，加大市场开发力度，抓住国家扶持新能源汽车机遇，尽快释放产能。以哈尔滨建成北方专用车、哈尔滨万客特种车、牡丹江盛德专用车等企业为依托，发展具有较高技术水平的油田专用车、气态液态专用车、特种车、低温专用车产业。配套，以光宇集团、巨容公司、中科众瑞等企业为依托，实施新能源汽车动力电池提升工程，重点发展新能源汽车动力电池，以黑龙江龙华汽车公司为依托，重点开发生产专用电机、太阳能光伏组件等产品。以东安动力、东安三菱、一汽哈变、艾瑞等汽车配套产品龙头企业为依托，发展发动机、底盘、变速箱等关键零部件总成，形成零件—部件—总成—模块化的研发制造产业链，推动总成及关键零部件近地化配套，以此促进汽车配套产业快速发展。

（7）农机装备。以满足现代农业发展需求，增加品种供给，提升产品档次和层级为目标，加快农机装备向自动化、信息化、智能化方向发展，促进骨干企业规模化、名优产品系列化、配套协作体系化，构建具有核心技术的产业集群，打造中国北方现代农机装备制造基地。动力机械，以约翰·迪尔（佳木斯）公司、凯斯纽荷兰（哈尔滨）公司、一拖（黑龙江）公司、爱科（大庆）公司、雷沃北大荒公司、佳木斯骥驰公司等骨干企业为依托，发展180～300马力轮式拖拉机、45～100马力节能环保型拖拉机等动力机械，打造哈尔滨、大庆、齐齐哈尔农机装备制造基地。非动力机械，以常发佳联公司、金亿（大庆）公司等为重点，发展麦稻豆通用联合收获机、自走式玉米联合收获机等收获机械。以格兰（大庆）公司、勃农兴达公司、融拓北方公司等为重点，发展80马力以上的拖拉机配套的气吸式精密播种机、免耕精量播种机等大中型智能化精密种（栽）植机械，以及乘坐式高速水稻插秧机、水稻育秧工厂化成套设备；以凯斯公司、龙牧公司、亿龙公司等为重点，发展秸秆还田机、打包机、茎秆兼收机；以沃尔公司、众荣公司为重点，发展经济作物和棚室机械。打造佳木斯、七台河农机装备制造基地。功能部件，以大马力新型高效拖拉机为重点，提升发动机、传动系统、控制系统的省内配套能力；支持骨干企业发展前后桥、变速箱、齿轮、特殊轴类等关键零部件，发展电控液压提升系统、静液压驱动系统、控制元件。

（8）海洋工程装备。把握海洋资源开发、海洋食品、海洋新能源、海洋采矿等新兴行业的重大发展机遇，以省内技术与研发基础为支撑，围绕海洋工程及高技术船舶的增长需求，着力在舰船动力以及海工关键配套装备领域加强产业布局。充分发挥哈尔滨工程大学等院所的成果优势，加快海洋探测传感、海洋油气资源开发装备、水下通信设备、水下机器人、海工关键配套装备等成果产业化进程。依托中船重工七〇三研究所、哈船动力、哈汽轮机厂，推动舰船动力装置研发设计、产品制造和远程运维等加快发展。依托哈船智能装备、哈船导航、哈船特装等企业，发展海洋定位系统、导航、探测等海工关键配套装备。

（9）新材料。加大研发投入，以关键新材料制备技术、工艺技术研究、新产品开发为重点，强化新材料产业基础能力，加快发展有技术支撑、产业基础、资源保障的先进基础材料、关键战略材料和前沿新材料。依托东北轻合金公司、航天海鹰钛合金公司、北方特种合金公司等骨干企业，发展高性能铝合金、镁合金和钛合金，重点满足航空发动机、直升机减速传动系统、高速铁路等交通运输装备需求。依托北满特钢、一重集团，以满足先进装备制造和重大工程需求为目标，发展用于高效节能电机、高端发动机、高速铁路、高端精密机床、高档汽车等先进装备关键零部件的新材料。开发柔性石墨密封材料、润滑材料、负极材料、核级石墨材料。依托牡丹江金钻碳化硼公司等骨干企业，研发碳化硅硬质粉体材料、高性能碳化硼和碳化硅特种陶瓷材料。发挥哈尔滨玻璃钢研究院、哈尔滨工业大学等研发优势，发展树脂基复合材料、陶瓷基复合材料、金属基复合材料。开发碳纤维、超高分子量聚乙烯纤维等高性能纤维及其复合材料。依托哈尔滨焊接研究所（公司），开发高品质焊接材料及附件。发挥哈尔滨奥瑞德光电技术有限公司的技术、产业优势，发展高品质蓝宝石人工晶体及制品。支持骨干企业，突破多晶硅、单晶硅产业化关键技术，发展硅基半导体材料。围绕3D打印材料、超导材料、智能仿生材料与超材料石墨烯等新材料前沿方向加大创新力度，进而抢占发展先机和战略制高点。

（10）生物医药。着力提高生物医药产业的整体科技含量和附加值，重点开发一批创新药物，培育壮大生物医药产业，提高医药产业竞争力。着力打造哈尔滨—大庆—牡丹江生物医药产业集群。采用先进适用的生物工程技术，改造传统化学制药、中成药和生化制药产业。开发特色原料药新品种，注重产品系列化，延伸产业链条，扩大国内市场份额。依托哈药集团、葵花药业、誉衡药业、大庆福瑞邦药业、珍宝岛药业、友搏药业等骨干企业，加强生物技术药物的研究，开发具有自主知识产权的生物工程药物，促进生物技术药物产业化和中药现代化。

发展新型抗肝炎、结核等重大传染病疫苗，基因生物工程药、抗体药、多肽药等生物技术药研发，抗病毒、抗耐菌等生物药品以及中药新药提取精制。推广先进的提取纯化技术，实施传统中药二次开发，重点发展双黄连粉针和口服液、护肝片、清开灵颗粒、疏血通注射液等具有市场竞争力的产品。

第六章　黑龙江省生产性服务业的供给与制造业需求现状

一、黑龙江省生产性服务业的现状及存在的问题

1. 黑龙江省生产性服务业的供给总量低，与结构不合理

（1）总体供给水平偏低。服务经济国家的一个显著标志就是服务业占 GDP 比重达到70%，生产性服务业占全部服务业比重达到70%。尽管近几年来黑龙江省生产性服务业总体呈上升发展态势，但生产性服务业总体比重偏低，发展能级不高。2015 年黑龙江省三个城市生产性服务业占服务业的比重分别为 33.62%、23.8%和21.06%。与上海和全国平均水平比较具有较大差距，生产性服务业内部各行业之间的发展也存在较大差距。

（2）发展层次较低。尽管生产性服务业中一些新兴行业的兴起改善了行业内部结构，但总体上看，黑龙江省生产性服务业仍以交通运输、仓储和邮政等传统行业为主，且仍处于低层次结构水平。如哈尔滨、齐齐哈尔的交通运输、仓储和邮政业占的比重为 12.82%和 14.9%，分别高出上海 4 个百分点和 6 个多百分点。当前金融保险业发展速度虽然较快，但与京津地区的优势相比仍处于起步阶段。而相比而言，具有极强的外溢性，对于技术创新起着关键作用的信息传输、计算机服务和软件业及科学研究、技术服务和地质勘查业等知识密集型的新兴生产性服务业只占有 1/10 多，与全国相比较仍有差距，尤其金融业与全国差距有 7 个百分点。目前世界主要工业国生产性服务业在第三产业中的比重均在 50%以上，国内先进发达地区也已达到 35%以上，而 2011 年大庆生产性服务业增加值

占第三产业的比重仅为21.06%。按我国第三产业占GDP的平均值40%来计算，国内发达地区的生产性服务业增加值占地区增加值的比例已达到14%左右，而大庆市2014年生产性服务业占GDP增加值的比例仅为2.45%，大大低于国内平均水平。以信息服务业为例，目前在发达国家信息服务业已占服务业的60%以上，而大庆市2014年和2016年的信息传输、计算机服务和软件业的增加值仅分别占服务业的5.6%和6.0%。生产性服务业发展相对滞后，与工业化进程不能同步发展，难以满足黑龙江省经济发展尤其是制造业发展的需要，与产业转型升级的要求也不相适应。

（3）生产性服务组织规模偏小。在组织规模、服务技术、服务质量和管理水平等方面与国际大型跨国公司相比存在很大差距，缺乏大型骨干企业和国内著名的企业集团。与此同时，生产性服务业还表现出国际化水平低的特征。例如，大庆市生产性服务业企业员工大多在10人之内，最少的仅为1人，且企业自身资质不高，组织服务没有规模特色和竞争优势。尽管随着黑龙江省服务外包园、软件园等特色产业园的建成和发展，借助黑龙江省发展生产性服务业的优惠政策，已有很大一部分生产性服务业企业极大地改善了办公条件，但并不能从根本上解决其规模小、人才流动性大的问题。

2. 生产性服务业发展滞后于第二产业（工业）发展速度

生产性服务业对制造业的支撑作用薄弱的直接原因主要还在于生产性服务业自身发展相对滞后。难以有效地支撑制造业的迅速发展。2009年，哈尔滨、大庆、齐齐哈尔第二产业增长速度分别为13.3%、11.5%和16.0%，而生产性服务业增长速度仅为10%左右，既落后于工业增长速度，也落后于服务业增长速度（16%左右）。按照生产性服务业与工业发展的要求应该是伴随着工业产值增加的同时，生产性服务业创造的价值总额也在同步增加。但是，从现有数据来看，2005~2008年这4年的黑龙江省生产性服务业发展与工业发展却出现逐渐不平衡的现象，生产性服务业的增加值占工业增加值的比重呈现逐年降低的趋势。此外，由于黑龙江省工业布局相对分散，弱化了对生产性服务的中间需求，导致服务业面临资源分布相对分散、业态种类较少、集聚程度偏低等问题。制造业链条上的技术研发、人员培训、经营管理、会计服务、法律咨询、信息服务等关键环节，得不到相关支撑服务体系的协作与配合，大量本应通过外包方式完成的服务活动不得不在工业企业内部消化完成，且无法打造真正的产业集群。

由以上分析得知，黑龙江省工业增长速度比生产性服务业的增长速度要快得多，且其差距逐年扩大。生产性服务业发展相对滞后，与工业化进程显然不同步，生产性服务业的发展明显落后于工业的发展。为什么在生产性服务相对落后的情况下，黑龙江省工业的发展速度还如此之高呢？原因之一就是黑龙江省相当一部分工业企业自己承担了生产性服务的职能，目前还处于“自我服务”的状态，而没有生产性服务外包的意识。

3. 生产性服务业区域发展不平衡

生产性服务企业总体竞争力较弱，具有较大规模和竞争力的生产性企业集团较少。从各行业的专业化水平来考察，服务质量和效率不高，许多专业性服务仍处于较低的层次：地区之间、城乡之间没有形成区域分工、协作发展的合作模式，各城区错位发展态势不够明显，区域之间也没有形成良好的互补发展局面。

4. 生产性服务业发展的特色不明显，区域间服务产业趋同化严重

尽管黑龙江省内交通运输、仓储及邮政业，以及金融业增加值比重相对大些，但该类产业更易形成城市间服务产业趋同化，不利于培育黑龙江省服务品牌和特色。如以大庆为例，作为有着大庆市最长历史的科学研究、技术服务和地质勘查业，成绩却非常不理想。在过去，由于受行政区划和计划经济的影响，黑龙江省内的各城市政府出于自身利益的考虑，不允许其所拥有的生产要素顺畅流通，加之追求自身工业体系的完整性，最终造成产业的重复建设，形成产业同构化。可以说，黑龙江省内的各城市拥有的产业很相似，几乎都拥有装备制造、医药、食品、石化等产业，其产业同构化问题十分严重。黑龙江省的设想提出之后，黑龙江省内的各城市也都在考虑选择本地区的产业重点，但在选择过程中，并没有从黑龙江省的整体角度出发考虑问题，而都是从狭隘的、本地区的利益出发，使选择的产业重点出现重合的现象。例如，哈尔滨和大庆都把石油化工产业作为重点，哈尔滨和齐齐哈尔都把机械制造和食品产业作为重点，而长期以来，对生产性服务业尤其是生产性服务业不重视，导致生产性服务业发展滞后，黑龙江省的生产性服务业所占比重远远低于全国平均水平，制造企业不能有效地培养核心竞争力，大包大揽，不能实现外包。同时，生产性服务业的规模小、非专业

也限制了两者的互动发展。生产性服务业的发展滞后严重制约了黑龙江省内工业（制造业）以及整个经济的发展。因此，如何实现制造业与生产性服务业的互动发展对黑龙江省具有重要意义。

5. 高附加值、高科技含量的信息技术外包服务发展相对缓慢

黑龙江省内的服务外包产业大部分还属于业务流程外包服务（BPO）这样低端的服务业，高附加值、高科技含量的信息技术外包服务（ITO）涉及较少，而制造业过于侧重实体产品的生产，物资材料消耗占产品成本的比重较大，与产品制造相关的市场销售支出、人力资源服务支出、外购信息技术服务支出所占全部支出的比重较小，即使有少数外包项目也主要以产品生产为主，外包服务不多且涉及面窄。其结果导致大型企业与黑龙江省整体的产业关联度较低，且无法带动地方经济的发展，尤其是限制了生产性服务业的规模化发展。

6. 市场开放性不足

黑龙江省生产性服务业中大部分行业的市场化和产业化发展较慢。一些高技术、通信等福利型和垄断型行业尚未进入市场，缺少竞争机制，尚未建立市场决定服务产品价格的机制，导致行业发展缺乏动力。社会化服务体系尚未完全形成，产前、产中、产后的专业化服务薄弱，抑制了服务的有效供给，限制消费者的选择，影响了整个服务业的产业化进程。

7. 竞争能力不强

从目前情况看，黑龙江省现代物流、研发设计、信息服务、商务服务等生产性服务业发展滞后，规模偏小；文化创意、动漫产业、服务外包等新兴服务业起步晚、发展慢，尚未形成竞争优势；服务业集聚区功能不完善，创新能力较差，竞争优势不突出；品牌知名度较弱，尚未形成规模化、网络化、品牌化经营，缺乏一批拥有自主知识产权和知名品牌、具有较强竞争力的龙头企业。

二、黑龙江省生产性服务业需求分析

1. 黑龙江省生产性服务业发展预测模型的构建

建立二元线性回归模型。本书以黑龙江省各年 GDP、人均收入为自变量，以

服务业增加值为因变量，采用1990～2015年各年黑龙江省GDP、城镇和农村人均收入、服务业增加值，构建二元回归模型，对黑龙江省服务业增加值进行预测。

二元线性回归模型为：

$$y_i = b_0 + b_1 x_1 + b_2 x_2 + \mu_{i_2}$$

式中：y——黑龙江省服务业增加值。

x_1——黑龙江省国内生产总值。

x_2——黑龙江省人均收入。

用最小二乘法进行参数的估计时，要求 μ_i 满足一定的假设条件：

（1）μ_i 是一个随机变量。

（2）μ_i 的均值为零，即 $E(\mu_i)=0$。

（3）在每一个时期中，μ_i 的方差为常量，即 $D(\mu_i)=\sigma^2$。

（4）各个 μ_i 相互独立。

（5）μ_i 与自变量无关。

$$b = \frac{n\sum xy - \sum x \sum y}{n\sum x^2 - (\sum x)^2}$$

然后用SPSS 17.0软件对处理后的数据进行分析得到如下结果：

回归模型系数：

$b_0 = -7.6784$

$b_1 = 0.5347$

$b_1 = -0.1264$

二元线性回归模型为：

$$y = -7.6784 + 0.5347x_1 - 0.1264x_2$$

2. 参数检验

（1）求判定系数。作为回归模型拟合优度的判断和评价指标，估计标准误差显然不如判定系数 r^2，r^2 是无量纲系数，有确定的取值范围（0～1），便于对不同资料回归模型拟合优度进行比较。

$$r^2 = \frac{\sum (y_c - \bar{y})^2}{\sum (y - \bar{y})^2} = \frac{bL_{xy}}{L_{yy}}$$

代入表中数据，解得判定系数为 0.978，接近 1，计算结果表明，黑龙江省服务业增加值的总误差中有 95.8% 可以由黑龙江省 GDP、人均收入的依存关系来解释，只有 4.2% 属于随机因素的影响，因此这条回归线是合适的。

（2）估计标准误差。而估计标准误差是有计量单位的，又没有确定的取值范围，不便于对不同资料回归模型的拟合优度进行比较。但是，估计标准误差在回归分析中仍然是一个重要的指标，因为它还是用自变量估计因变量时确定置信区间的尺度。

$$S_{y(x_1,x_2)} = \sqrt{\frac{\sum y^2 - a\sum y - b_1\sum x_1 y - b_2\sum x_2 y}{n-3}}$$

$$= 21.4269(亿元)$$

（3）二元线性回归模型的显著性检验。H_0：$\beta_1 = 0$，H_1：$\beta_1 \neq 0$；H_0：$\beta_2 = 0$，H_1：$\beta_2 \neq 0$。假设：①F 检验。$F = \frac{r^2(n-3)}{2(1-r^2)}$，代入数据求得 F = 159.466，远远大于显著水平为 0.1 的 F = 0.05（2，6）= 5.14 标准统计量，说明模型线性关系十分显著。②t 检验。

$$\hat{\delta}_{b_1} = S_{y(x_1,x_2)} \times \sqrt{\frac{\sum(x_2-\bar{x}_2)^2}{\sum(x_1-\bar{x}_1)^2\sum(x_2-\bar{x}_2)^2 - [\sum(x_1-\bar{x}_1)(x_2-\bar{x}_2)]^2}}$$

$$\hat{\delta}_{b_2} = S_{y(x_1,x_2)} \times \sqrt{\frac{\sum(x_1-\bar{x}_1)^2}{\sum(x_1-\bar{x}_1)^2\sum(x_2-\bar{x}_2)^2 - [\sum(x_1-\bar{x}_1)(x_2-\bar{x}_2)]^2}}$$

$t_1 = 4.264, t_2 = 1.547$。

假设显著性水平为 0.1，查 t 表得：$t(n-3) = 1.3995$，由计算结果可见，$t_1 = 4.264$，$t_2 = 1.547$，t 值均超过临界值，所以拒绝原假设，则说明回归系数可以通过检验，自变量对因变量影响显著。

3. 黑龙江省生产性服务业量预测

（1）黑龙江省生产性服务业量增加值预测。根据《黑龙江省全面建设小康社会纲要》，2016～2020 年主要预期目标是：国内生产总值年均增长 7.5%，在 2017 年实现比 2000 年翻两番的目标。2020 年全省国内生产总值达到 16470 亿元，人均国内生产总值达到 4960 美元；三次产业比例调整为 6∶49∶45，城镇化水平提高到65%，城镇居民人均可支配收入和农民人均纯收入分别达到20000元和8000元；恩格尔系数下降到30%；全省人民生活总体上达到上中等收入国家水平，大庆等有条件的地区基本实现现代化。经加权换算，2020年黑龙江省人均收入将达到15800元。根据以上数据，代入二元线性回归模型进行测算，2012～2020年黑龙江省服务业增加值偏低，不能满足经济发展的需要。

考虑到未来15年内黑龙江省服务业将以较快的速度发展，服务业产值在国民生产总值中占有较大的比重，因此对2016～2020年黑龙江省GDP增长速度调整为9%。同时，把经过调整的黑龙江省2016～2020年国内生产总值预测值和人均收入预测值代入二元线性回归模型，求出黑龙江省2016～2020年服务业增加值各年预测值（见表6－1）。

表6－1 黑龙江省2016～2020年服务业增加值预测

年份	预测GDP的增长率（%）	预测GDP值（亿元）	预测人均收入增长率（%）	人均收入预测值（元）	预测服务业增加值（亿元）	预测黑龙江省生产性服务业增加值（亿元）
2017	7.5	17206	7.0	16992	7030	1723.953
2018	9.2	18841	7.0	18182	7752	1901.008
2019	9.5	20631	7.0	19454	8547	2095.964
2020	9.6	22591	7.0	20816	9424	2311.029

（2）黑龙江省生产性服务业总需求量的预测。由于服务业需求量这个指标没有现成的数据，本书用黑龙江省全省人口数对服务业的总消费量来分析，数据“城镇人口人均年服务消费量”和“农村人口人均年服务消费量”是分别汇总“城镇居民人均全年消费性支出”和“农民家庭人均全年生活消费性支出”中“居住”“医疗保健”“交通和运输”“文化教育、娱乐用品及服务”等指标得出的。

假设x是服务业增加值作为自变量，y是服务业总消费量作为因变量，采用《黑龙江统计年鉴》（2002～2011年）数据，利用回归分析法依次分析两者的相关性。

$$\hat{\beta}_1 = \frac{l_{xy}}{l_{xx}}$$

$\hat{\beta}_0 = \bar{y} - \hat{\beta}_1 \bar{x}$

回归直线方程为：

$\hat{y} = \hat{\beta}_0 + \hat{\beta}_1 x$

相关检验：

$$r = \frac{l_{xy}}{\sqrt{l_{xx} l_{yy}}};\ F = \frac{U(n-2)}{Q};\ t = \sqrt{\frac{(n-2)U}{Q}}$$

通过计算可以看到两者的相关性非常明显，几乎处在同一条直线上。最后得到服务业增加值和总消费量的回归方程是：

$\hat{y} = 0.3412x_1 - 25.6739$

其中，r = 0.923，F = 245.236，t = 23.244，能通过检验。因此，鉴于两者的线性关系，可以通过预测服务业增加值来预测服务业的总消费量。同时，利用黑龙江省服务业总消费量和增加值的回归方程式，以及服务业增加值的预测值，可以得到总消费量的预测值（见表6-2）。

表6-2　黑龙江省生产性服务业总消费量预测值　　单位：亿元

年份	2018	2019	2020
黑龙江省服务业增加值预测值	7752	8547	9424
黑龙江省生产性服务业增加值预测值	1901	2096	2311
黑龙江省服务业总消费量预测值	3367	3567	4100

在服务业总消费预测值的基础上，进一步预测出服务业总需求的预测值，是以经验统计数据为依据进行的，人们的需求不一定都能转化成消费。通常人们对某件商品的需求量是实际消费该商品的3倍。因此，根据总消费量数据，可以估算出黑龙江省生产性服务业的总需求量（见表6-3）。

表6-3　黑龙江省生产性服务业总需求量估计值及供需缺口　　单位：亿元

年份	2018	2019	2020
黑龙江省服务业增加值预测值	7752	8547	9424
黑龙江省服务业总消费量预测值	10101	11122	12300
供需缺口	-2349	-2575	2876
黑龙江省生产性服务业供需缺口	-575	-770	-704

综上所述，黑龙江省生产性服务业还远不能满足对生产性服务业的需求，并且从表6-3中可以看出，随着时间的延续，这种缺口越来越大。因此，加速发展黑龙江省生产性服务业是迫在眉睫的紧要任务。

三、生产性服务业发展的制约因素

（1）行业管理体制亟须理顺。服务业门类繁多，每一行业的特点和发展规律都不尽相同，因此，需要对不同门类进行细分，并针对不同的行业特点制定促进政策，才能更有利于不同行业的发展。长期以来，对生产性服务业发展规律认识不足、引导不够，生产性服务业中的一些新兴行业普遍存在着多头管理、交叉管理和无人管理等现象，资源未得到有效整合，行业发展水平低。

（2）产业耦合式发展效应相对较弱。在生产性服务业具备一定发展水平的基础上，如何通过加强产业耦合式发展，使服务业内部结构优化升级与产业结构调整相适应，这将成为今后生产性服务业实现质的飞跃的关键。从目前发展来看，黑龙江省真正意义上的生产性服务业规模仍然较小，而且总体仍处在前期投入引进阶段，缺乏具有行业引领作用的龙头企业，短期内较难适应经济快速发展和资源优化整合的需要。

（3）政策扶持力度不够，生产性服务业发展政府推动力不足。近几年来，黑龙江省管理部门相继出台了一些加强服务业发展的政策，其中包含了企业服务业分离工作的扶持、服务业集聚区建设等。但是与工业扶持政策相比，目前生产性服务业的投入力度和优惠政策明显不够，甚至还存在一些带有歧视性的政策，这对产业发展构成了较大的束缚和抑制作用。比如，反应强烈的有服务业用水、用电和用地政策与工业政策的巨大反差等。

（4）人力资源匮乏。生产性服务业具有高人力资本含量、高技术含量和高附加值的特点，其发展需要高素质的人才。一些新兴行业，如现代物流、电子商务、信息服务业、商务服务业等对创新人才、技术、技能型人才和管理人才需求迫切。尽管黑龙江省积极引进人才，一些院校也调整方向，加大培养力度，但短期内生产性服务业从业人员的素质还远不能适应其快速发展的需要。同时，由于受经济和地域的影响，人才引进和留住工作效果不是特别明显。人力资源不足，导致其技术创新能力不强、专业服务技能差，致使黑龙江省生产性服务业技术创新能力薄弱。

（5）生产性服务有效需求受到抑制。根据国际经验，制造业发展会带来庞大的生产性服务业需求。而从美国目前的产业结构看，生产性服务业在第三产业中的比重达到了70%以上。目前黑龙江省内大多数企业自主创新能力差，技术含量较低，外包给研发、工业设计等生产服务性企业的业务比较少，过于侧重实体产品的生产，物质材料消耗占产品成本比重较大，外包项目主要是以产品生产为主，且外包服务不多，涉及面窄，与产品制造相关的金融、市场销售、人力资源、外购信息技术等占全部支出的比重很小。一些企业受传统文化影响，存在自给自足的小农思想，外包意识不强。生产性服务产品具有生产与消费同步性特征，在社会信用体系不健全的情况下，企业对外包服务不信任。这也使得生产性服务业的发展缺少需求拉动力量。一些行业市场交易成本被抬高，价格水平明显高于国内外市场价格标准或服务质量不能满足企业要求，这在一定程度上抑制和削弱了工业企业外包生产性服务的内在动力，导致对外包服务需求不足，从而进一步影响了生产性服务业的发展。

（6）生产性服务业没有形成有效集聚。黑龙江省工业布局相对分散，弱化了工业企业对生产性服务的中间需求，导致生产性服务业发展缓慢、资源分布相对分散、业态种类较少、集聚程度偏低等问题，致使制造业链条上的技术研发、人员培训、经营管理、会计服务、法律咨询、信息服务等关键环节得不到相关服务体系的协作与配合，大量本应通过外包方式完成的服务活动不得不在工业企业内部消化完成，抑制了生产性服务业的发展。

（7）生产性服务业与制造业之间缺乏融合共进的机制。近几年来，黑龙江省制造业在产业规模和总量迅速扩大的同时暴露出产业组织结构不尽合理的问题。不少制造业企业形成了“大而全”“小而全”的企业形态，大多数生产性服务业都在企业内部消化，其专业化分工程度不高。由于企业内循环服务代替了理应外包服务的战略合作，在增加企业生产成本的同时也割裂了加工制造业与服务业之间的产业关联，使产业链向服务业增值部分的延伸受到抑制。生产性服务业企业同质化现象严重，缺乏核心服务能力，不能完全满足企业专业化的需求，也制约了制造业的发展，同时，制造业对服务业的“拉动”也不足。相对而言，制造业产业规模较小，产业链短，具有优势的产业集群尚未普遍形成，发达地区与周边地区经济联系比较松散，区域产业配套能力也不强，制约了服务业的跨区和溢出功能的有效拓展和发挥。

（8）制造业与生产性服务业融合规划的引导力度不足。黑龙江省制定了一系列有关促进制造业发展的政策，以及生产性服务业发展的政策，但是，对制造业与生产性服务业融合发展尚未进行系统研究，且缺乏促进制造业与生产性服务业融合的规划和政策。

第七章　黑龙江省生产性服务业与制造业的耦合式发展的和谐程度、偏离程度研究

从黑龙江省两产业耦合式发展现状分析中可以看出，生产性服务业已然是促进全省经济增长的主要产业。2013 年，黑龙江省生产性服务业和制造业的增加值分别是 3221.63 亿元和 2631.4 亿元，分别占地区生产总值比重达 31.5% 和 18.2%。可见，这两个产业的发展对黑龙江省的快速发展具有一定的促进作用，但较之先进省市仍有较大差距。下面通过对黑龙江省两产业的耦合式发展关系进行实证检验，以验证两个产业耦合式发展程度，为进一步促进两者耦合式发展提供依据。

一、生产性服务业与制造业供需耦合测定指标体系与模型构建

1. VAR 模型

VAR 模型是自回归模型的联立形式，所以称为向量自回归模型。假设 $y_{1,t}$，$y_{2,t}$存在关系，分别构造两个自回归模型：

$$\begin{cases} y_{1,t} = f(y_{1,t-1}, \ y_{1,t-2} \cdots) \\ y_{2,t} = f(y_{2,t-1}, \ y_{2,t-2} \cdots) \end{cases} \tag{7-1}$$

则没办法获取两个变量之间的关系。若运用联立形式，则可以构造起两变量之间的联系。VAR 模型的结构取决于变量总数 N 和最大滞后阶数 k 这两个参数。

以构造两个变量 $y_{1,t}$，$y_{2,t}$一阶滞后的 VAR 模型为例，

$$\begin{cases} y_{1,t} = \mu_1 + \pi_{11,1}y_{1,t-1} + \pi_{12,1}y_{2,t-1} + u_{1,t} \\ y_{2,t} = \mu_2 + \pi_{21,1}y_{2,t-1} + \pi_{22,1}y_{2,t-1} + u_{2,t} \end{cases} \tag{7-2}$$

其中，$u_{1,t}$，$u_{2,t} \sim IID(0,\ \sigma^2)$，$Cov(u_{1,t},\ u_{2,t}) = 0$，写成矩阵形式是，

$$\begin{bmatrix} y_{1,t} \\ y_{2,t} \end{bmatrix} = \begin{bmatrix} \mu_1 \\ \mu_2 \end{bmatrix} + \begin{bmatrix} \pi_{11,1} & \pi_{12,1} \\ \pi_{21,1} & \pi_{22,1} \end{bmatrix} \begin{bmatrix} y_{1,til} \\ y_{2,til} \end{bmatrix} + \begin{bmatrix} \mu_{1,t} \\ \mu_{2,t} \end{bmatrix} \tag{7-3}$$

设，$Y_t = \begin{bmatrix} y_{1,t} \\ y_{2,t} \end{bmatrix}$，$\mu = \begin{bmatrix} \mu_1 \\ \mu_2 \end{bmatrix}$，$\Pi_1 = \begin{bmatrix} \pi_{11,1} & \pi_{12,1} \\ \pi_{21,1} & \pi_{22,1} \end{bmatrix}$，$\mu_t = \begin{bmatrix} \mu_{1,t} \\ \mu_{2,t} \end{bmatrix}$

则 $y_{1,t} = \mu_1 + \pi_{11,1}y_{1,t-1} + \pi_{12,1}y_{2,t-1} + u_{1,t}$

得到含有 N 个变量且 k 阶滞后的 VAR 模型如下：

$$Y_t = \mu + \Pi_1 Y_{t-1} + \Pi_2 Y_{t-2} + \Pi_k Y_{t-k} + u_t,\ u_t \sim IID(0,\ \Omega) \tag{7-4}$$

其中，

$$\Pi_j = \begin{bmatrix} \pi_{11.j} & \pi_{12.j} & \cdots & \pi_{1N.j} \\ \pi_{21.j} & \pi_{22.j} & \cdots & \pi_{2N.j} \\ \vdots & \vdots & \ddots & \vdots \\ \pi_{N1.j} & \pi_{N2.j} & \cdots & \pi_{NN.j} \end{bmatrix},\ j = 1,\ 2,\ \cdots,\ k$$

$Y_t = (y_{1,t},\ y_{2,t},\ \cdots,\ y_{N,t})'$　$\mu = (\mu_1,\ \mu_2,\ \cdots,\ \mu_N)'$　$u_t = (u_{1,t},\ u_{2,t},\ \cdots,\ u_{N,t})'$

Y_t 是 $N \times 1$ 阶列向量，μ 是 $N \times 1$ 阶常数项列向量。Π_1，Π_2，…，Π_k 都是 $N \times N$ 阶参数矩阵，$u_t \sim IID(0,\ \Omega)$ 为 $N \times 1$ 阶随机误差列向量，任何元素之间均是非自相关的，但是不同方程对应的随机误差项之间有可能具有相关关系。

2. 平稳性检验

假设一个时间序列生成一个随机过程，即时间序列$\{X_t\}$的每一个数值都是从一个概率分布中随机得到，若能够满足下列条件：

1）均值 $E(X_t) = u$，与 t 无关且为常数；

2）方差 $Var(X_t) = \sigma^2$，与 t 无关且为常数；

3）协方差 $Cov(X_t,\ X_{t+k}) = \gamma k$，仅与 k 有关，与 t 无关且为常数。

则称该序列为平稳序列，而该随机过程是一个平稳随机过程。

如 $X_t = \mu t$，$\mu_t \sim N(0,\ \sigma^2)$，此序列被称为一个白噪声序列。

因为 X_t 有相等的均值与方差，且协方差为零，所以根据定义，此白噪声序列是平稳的。

本书采用DF检验方法，做单位根检验从而确定对数据的平稳性，为了确保DF检验中随机误差项的白噪声特性，对DF检验进行了扩充，形成的ADF检验、回归模型为：

$$\Delta Y_t = \beta_1 + \beta_2 t + \rho Y_{t-1} + \alpha_t \cdot \sum_{i=1}^{\alpha} Y_{t-i} + \xi_i \tag{7-5}$$

3. 协整检验

若我们将两个非平稳的时间序列进行回归就会发生伪回归，为此我们要进行协整关系检验。令 $x_t = (x_{1t}, x_{2t}, \cdots, x_{NT})'$ 为 $N \times 1$ 阶列向量，其中每一个元素对应一个时间序列。若 x_t 所有分量的单整阶数均为 d，$x_j t \sim I(d)$，$j = 1, 2, \cdots, N$，存在一个 $N \times 1$ 阶列向量 $\beta = (\beta_1, \beta_2, \cdots, \beta_n)'$，$\beta \neq 0$，使得 $x_t\beta \sim I(d, b)$，则称 $x_1 t$，$x_2 t$，…，$x_N t$ 存在（d，b）阶协整关系，表示为 $x_t \sim CI(d, b)$。

因此，两个单整变量的线性组合可能存在着以下两种情形：

如果 $x_t \sim I(d)$，$y_t \sim I(c)$，且 $d > c$，则 $z_t = (ax_t + by_t) \sim I(d)$；

如果 $x_t \sim I(c)$，$y_t \sim I(c)$，则 $z_t = (ax_t + by_t) \sim I(b)$，其中 $b \leqslant c$；

如果 $b = c$，则说明 x_t 与 y_t 不存在协整关系；如果 $b < c$，则说明 x_t 与 y_t 存在协整关系，（a，b）则为协整向量。

4. 误差修正模型（ECM）

如果两序列不存在协整关系，就有可能出现缪回归，模型失去意义，或者即便存在长期均衡的协整关系，也仍要考虑偏离模型情况，即ECM模型：

$$\Delta y_t = \theta_0 + \alpha_{11}\Delta x_{t-1} + \alpha_{21}\Delta y_{t-1} + \lambda[y - (k_0 + kx)]_{t-1} + \varepsilon_t \tag{7-6}$$

合并常数项：$\alpha_0 = \theta_0 - \lambda\beta_0(k_0)$，得到ECM。

$$\Delta y_t = \alpha_0 + \alpha_{11}\Delta x_{t-1} + \alpha_{21}\Delta y_{t-1} + \lambda(y - kx)_{t-1} + \varepsilon_t \tag{7-7}$$

一般形式的ECM：

$$\Delta y_t = \alpha_0 + \sum_{i=0}^{p} \alpha_{1i}\Delta x_{t-i} + \sum_{j=1}^{q} \alpha_{2j}\Delta y_{t-j} + \lambda(y - kx)_{t-1} + \varepsilon_t \tag{7-8}$$

两个变量的自回归分布滞后模型：

$$y_t = \beta_0 + \sum_{i=0}^{p} \beta_{1i} x_{t-i} + \sum_{j=1}^{q} \beta_{2j} y_{t-j} + \varepsilon_t \tag{7-9}$$

误差修正模型一般采取 EG 两步法进行建模：

第一步：建立长期关系模型。用 OLS 法建立以 y 为被解释变量，x 为解释变量的协整方程，用 ADF 法检验是否存在单位根。如果残差序列是平稳的，则表明两个变量间具有协整关系，所以长期关系模型的变量选择是适合的，回归也是有意义的。如果 y 关于 x 不存在协整关系协整，建立 ECM 模型同样会使模型效果有所改善。

第二步：建立短期动态关系，即建立误差修正模型。

$$\Delta y_t = \alpha_0 + \alpha_{11}\Delta x_{t-1} + \alpha_{21}\Delta y_{t-1} + \lambda(y - kx)_{t-1} + \varepsilon_t \tag{7-10}$$

若需要引入更多的滞后变量，则可建立如下模型：

$$\Delta y_t = \alpha_0 + \sum_{i=0}^{p}\alpha_{1i}\Delta x_{t-i} + \sum_{j=1}^{q}\alpha_{2j}\Delta y_{t-j} + \lambda(y - kx)_{t-1} + \varepsilon_t \tag{7-11}$$

5. Granger 因果检验

构造向量自回归（VAR）模型后，运用格兰杰因果检验来确定两个变量间的因果关系，将格兰杰非因果性定义如下：

若 x_t 与 y_t 的滞后变量决定 y_t 的条件分布和只由 y_t 滞后变量所决定的条件分布相同，即：

$$f(y_t/y_{t-1}, \cdots, x_{t-1}, \cdots) = f(y_t/y_{t-1}, \cdots) \tag{7-12}$$

则表示 x_{t-1} 对 y_t 存在格兰杰非因果性。

依据上述定义，x_t 对 y_t 是否存在因果关系的检验可通过检验 VAR 模型以 y_t 为被解释变量的方程中是否可以把 x_t 的滞后变量剔除掉来完成。例如 VAR 模型中以 y_t 为被解释变量的方程表示如下：

$$y_t = \sum_{i=1}^{k}\alpha_i y_{t-i} + \sum_{i=1}^{k}\beta_i x_{t-i} + \mu_{1,t} \tag{7-13}$$

检验 x_t 对 y_t 存在 Granger 非因果性的原假设是：

H_0：$\beta_1 = \beta_2 = \cdots = \beta_k = 0$

若式（7－13）中的 x_t 的滞后变量的参数估计值都不显著成立，那么原假设不能被拒绝。则结论应是 x_t 对 y_t 存在格兰杰因果关系，上述检验可用 F 检验完成。

$$F = \frac{(SSE_r - SSE_u)/k}{SSE_u/(T - k_N)} \tag{7-14}$$

在原假设成立条件下，$F \sim F(k, T-k_N)$，用样本计算的 F 值若落在临界值以内，接受原假设，即 x_t 对 y_t 不存在格兰杰因果关系。

二、变量的选取和数据说明

从上文关于生产性服务业的分类介绍可知，国内外学者在此方面的界定大有不同，本书出于数据获得性和统计口径的考虑，采用黑龙江省统计局对生产性服务业的分类进行相关的数据收集和实证分析，具体包括：交通运输业、批发和零售业、信息传输、计算机服务和软件业、租赁和商务服务业、科学研究、技术服务和地质勘查业、金融业、仓储和邮政业。

本书选择增加值来进行第二产业间的耦合式发展关系研究，即黑龙江省制造业增加值（ZZY）和生产性服务业增加值（SCXFWY），研究的时间跨度为 2003～2016 年，数据来源于《黑龙江统计年鉴》（2004～2016 年）。此外，所选取的数据是以 2003 年为基年进行平减后得到的消除物价因素的真实数据。这一系列检验和回归过程主要运用 EViews 5.0 进行。

以制造业（ZZY）和生产性服务业（SCXFWY）做时间序列图，如图 7－1 所示。

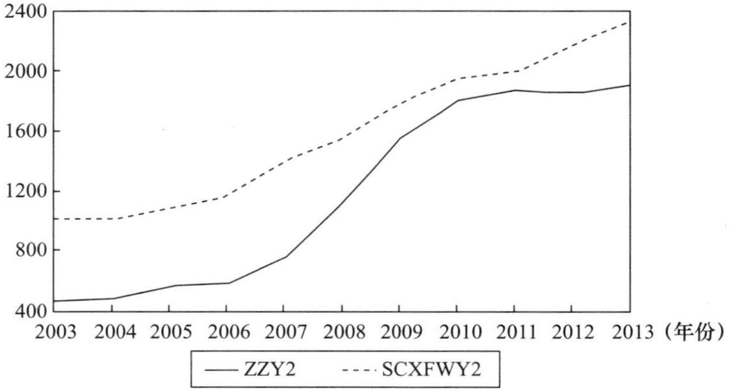

图 7－1　ZZY 和 SCXFWY 的时间序列图

由图7－1可观察到，黑龙江省生产性服务业与制造业走势趋势大体相似，因此初步判断两者之间具有一定的相关性，具体验证还需要运用格兰杰因果关系检验法进行分析。

三、黑龙江省生产性服务业与制造业供需耦合度测算以及序参量分析

1. 平稳性检验

为避免模型出现伪回归，首先应对各变量进行平稳性检验。本书采用ADF方法对所有变量进行了平稳性检验。在方法的选择上，首先做出序列时序图，然后进一步对趋势项和常数项的显著性进行检验。对滞后项的选择主要运用了AIC和SC信息准则。检验结果发现，各变量均不平稳，但二阶差分后都为平稳序列。表7－1及表7－2列出了各变量一阶差分后的检验结果。

表7－1 黑龙江省ZZY单位根检验结果

检验类型	P值	ADF检验值	显著水平	临界值	检验结果
未差分滞后阶数为1	0.6440	－0.035994	1%	－2.847250	未通过
			5%	－1.988198	未通过
			10%	－1.600140	未通过
一阶差分滞后阶数为1	0.1641	1.298834	1%	－2.886101	未通过
			5%	－1.995865	未通过
			10%	－1.599088	未通过
二阶差分滞后阶数为1	0.0382	－2.158708	1%	－2.937216	未通过
			5%	－2.006292	通过
			10%	－1.598068	通过

检验结果表明，SCXFWY和ZZY的未差分序列和一阶差分序列都是非平稳的，不能拒绝有单位根的原假设。而两者的二阶差分序列在5%的水平下都为平稳序列，拒绝有单位根的零假设。因此，这二者都是二阶单整的，即I（2）。

表 7-2　黑龙江省 SCXFWY 单位根检验

检验类型	P 值	ADF 检验值	显著水平	临界值	检验结果
未差分滞后阶数为 1	0.9893	0.877177	1%	-4.297073	未通过
			5%	-3.212696	未通过
			10%	-2.747676	未通过
一阶差分滞后阶数为 1	0.0945	-2.810648	1%	-4.420595	未通过
			5%	-3.259808	未通过
			10%	-2.771129	未通过
二阶差分滞后阶数为 1	0.0172	-4.145047	1%	-4.582648	未通过
			5%	-3.320969	通过
			10%	-2.801384	通过

2. 协整检验

从单位根检验可以看出，SCXFWY 和 ZZY 两变量均为二阶单整序列，所以两变量间有可能存在长期稳定的关系即协整关系。采用 EG 两步法对两个变量进行协整关系检验，即先对两变量进行 OLS 估计，其次再对该模型的残差进行 ADF 检验，若残差序列平稳，则说明两个变量间存在着长期稳定的协整关系，回归结果如表 7-3 所示。

表 7-3　回归结果

变量	参数估计值	参数标准差	T 统计量	P 值
C	691.1066	69.18540	9.989197	0.0000
ZZY	691.1066	0.052539	14.52115	0.0000
R-squared	0.959066	DW 值	1.862221	
调整 R-squared	0.954517	F 统计量	210.8638	

协整模型通过统计检验，同时 DW 值在 2 左右，可以消除自相关影响，协整方程为：

$$SCXFWY_t = 0.7629ZZY_t + 691.1066 + \mu_t \quad (7-15)$$

$$\mu_t = 0.7629ZZY_t + 691.1066 - SCXFWY_t \quad (7-16)$$

将以上回归模型的残差序列 μ_t 进行 ADF 平稳性检验，结果如表 7-4 所示。

表 7-4 残差序列 ADF 单位根检验结果

检验类型	P 值	ADF 检验值	显著水平	临界值	检验结果
未差分滞后阶数为 1	0.0043	-3.312690	1%	-2.847250	通过
			5%	-1.988198	通过
			10%	-1.600140	通过

再对残差序列进行异方差性检验，其检验结果如表 7-5 所示。

表 7-5 残差序列异方差性检验结果

模型的异方差检验指标	数值	指标	数值
F - Statistic	2.261142	Prob. F（9，1）	0.1666
Obs * R - Squared	3.972528	Prob. Chi - Square（9）	0.1372
Scaled Explained SS	1.299586	Prob. Chi - Square（9）	0.5222

Prob. F(9，1) = 0.1666 > 0.05，因此接受原假设，协整方程不存在异方差。即 y 的离散程度并不与自变量之间存在相关关系。因此可以消除异方差对该模型的影响。

根据残差的单位根检验结果显示，在长期关系中，黑龙江省 SCXFWY 和 ZZY 之间存在协整关系。从计量结果可见，黑龙江省制造业每增长 1%，生产性服务业就相应地增加 0.79%。

3. 误差修正

为进一步分析 ZZY 和 SCXFWY 之间的长期均衡和短期变动关系，构造带有协整约束的 VAR 模型，即向量误差修正模型（VECM），模型形式如下：

$$\Delta SCXFWY_t = \beta_1 \Delta ZZY_t - \lambda \cdot ecm_{t-1} + \mu_t \tag{7-17}$$

估计及检验结果如表 7-6 所示。

表 7-6 回归结果

变量	参数估计值	参数标准差	T 统计量	P 值
β_1	0.720652	0.176209	3.48342	0.0132
λ	0.963405	0.023145	5.491039	0.0009
R - Squared	0.757856	D. W. 值	1.912843	
调整 R - Squared	0.739794	F 统计量	5.031872	

模型结果如下：

$$\Delta SCXFWY_t = 0.720652 \cdot \Delta ZZY_t - 0.963405 \cdot ecm_{t-1} + \mu_t \quad (7-18)$$

误差修正项系数的大小反映了均衡关系偏离长期均衡状态时，将其调整到均衡状态的调整力度。从系数估计值 0.963405 来看，当短期波动偏离长期均衡时，将以 96% 的调整力度将非均衡状态拉回到均衡状态。

4. 格兰杰因果检验

Granger 检验估计黑龙江省两个产业之间的因果关系有以下四种可能的结果：

（1）制造业的发展显著影响生产性服务业的发展；

（2）生产性服务业的发展显著影响制造业的发展；

（3）制造业的发展和生产性服务业的进步互相影响，互为因果；

（4）两产业之间互不影响，无因果关系。

前文证实了两个变量经二阶差分后都为平稳序列，下面进一步用 Granger 检验它们之间是否具有因果关系以及因果关系的方向如何，检验结果如表 7-7 所示。

表 7-7 Granger 因果检验结果

零假设	滞后阶数	F 统计量	可能性
SCXFWY 不是 ZZY 的格兰杰成因	2	0.40061	0.6941
ZZY 不是 SCXFWY 的格兰杰成因	2	5.78025	0.0493

检验结果表明，当滞后阶数为 2 的时候，SCXFWY 不是 ZZY 的格兰杰成因原假设，在 5% 的显著水平下不显著，但 ZZY 不是 SCXFWY 的格兰杰成因的原假设一直显著，所以 ZZY 是 SCXFWY 的格兰杰原因，而 SCXFWY 不是 ZZY 的格兰

杰原因，是第（1）种检验结果。

5. 构建 VAR 模型

当滞后阶数为 2 的时候，ZZY 是 SCXFWY 的格兰杰原因，所以可使用向量自回归模型（VAR）分析黑龙江省制造业（ZZY）与生产性服务业（SCXFWY）间的耦合式发展关系。本书中模型的滞后期选择 2，通过对模型的残差序列进行稳定性检验得出结果：各残差序列平稳且具备较低水平的相关性，故而符合序列稳定性要求，可建立 SCXFWY（被解释变量）与 ZZY（解释变量）间的 VAR 模型，模型估计结果如表 7－8 所示。

表 7－8　回归结果

变量	参数估计值	参数标准差	T 统计量	P 值
C	45.35043	544.3854	6.083306	0.03043
S（－1）	0.901169	0.236339	3.813034	0.0066
S（－2）	0.688649	0.294510	2.338288	0.0380
Z（－1）	0.448553	0.267354	1.677746	0.1444
Z（－2）	0.307478	0.271295	1.133370	0.3003
R－Squared	0.979580	D.W. 值	2.437304	
调整 R－Squared	0.945547	F 统计量	28.78305	

模型为：

$$SCXFWY = 0.901169SCXFWY_{t-1} + 0.688649SCXFWY_{t-2} + 0.448553ZZY_{t-1} + 0.307478ZZY_{t-2} + 45.35043 \quad (7-19)$$

6. 结果分析与解释

由上文我们可以得出：SCXFWY 与 ZZY 之间呈现出长期稳定的正向均衡关系。从计量结果可见，黑龙江省制造业每增长 1%，生产性服务业增加值就相应地增加 0.76%，且两者之间高度相关。说明黑龙江省两产业之间互有促进作用，且长期稳定。两者之间是高度相关的，且也呈现相互依存、相互促进的关系。

从式（7－18）可以看出，这样的均衡关系在长期看是正向的，但在短期内制造业对生产性服务业是一种负向的影响。同时，SCXFWY 与 ZZY 之间只有单向的格兰杰因果关系，即 SCXFWY 是 ZZY 的格兰杰原因。这揭示了黑龙江省生产性服务业的增加值（SCXFWY）与黑龙江省制造业（ZZY）之间的单向推动关系，即黑龙江省制造业会促进生产性服务业的发展，而黑龙江生产性服务业的发展对制造业的推动效果并不显著。

从 VAR 模型（7－19）的分析和检验结果可以看出：

（1）黑龙江省制造业发展（ZZY）对生产性服务业（SCXFWY）的提升产生了积极作用，且近期影响大于远期影响。

（2）生产性服务业滞后期对生产性服务业（SCXFWY）本身具有促进作用，且近期影响（$SCXFWY_{t-1}$）大于远期影响（$SCXFWY_{t-2}$）。

总体来说，我们可以得到以下结论：

第一，黑龙江省生产性服务业的发展还处于非常低级的阶段，目前产业发展状况与产业发展政策导向有一定的脱节，不仅需要产业自身升级提升，更加需要宏观发展模式、体制机制和制度层面进行完善。

第二，黑龙江省生产性服务业的发展还不能有效地支撑制造业的发展，其服务业整体呈现发展水平低、信息化程度低的状况，其技术水平和创新能力均有待提高，这都严重地制约了其对制造业生产过程的有效供给。

第三，黑龙江省两个产业之间没有形成耦合式发展的局面，仍然处于初级水平。黑龙江省制造业的强大实力为生产性服务业的发展提供了物质支持，能够推动其发展。然而，生产性服务业的落后导致对制造业生产过程的服务和促进作用有限，两者的耦合式发展关系仍在较低的水准。

因此，如何提高黑龙江省生产性服务业的发展水平，加强其对制造业的支撑力度，成为推动两者耦合式发展的关键要素之一。本书将在第八章对黑龙江省生产性服务业进行实证分析，以全面探究其发展的影响因素。

第八章　黑龙江省生产性服务业影响因素的序参量分析

在以上实证分析中可以看出，黑龙江生产性服务业发展较为滞后，成为阻碍两者耦合式发展的重要原因。因此，如何提高黑龙江省生产性服务业的发展水平，加强其对制造业的支撑力度，成为影响两者耦合式发展的关键要素之一。因此，将在下面的篇幅对黑龙江省生产性服务业进行实证分析，以此探究促进其发展的因素。

一、模型介绍

本书将采用多元线性回归模型对上述因素进行实证检验，其一般表现形式：

$$Y_i = \beta_1 + \beta_2 X_{i2} + \beta_k X_{ik} + \varepsilon_i,\ i = 1,\ 2,\ \cdots,\ n \tag{8-1}$$

其中，k 为解释变量的数目，$\beta_j(j-1,\ 2,\ \cdots,\ k)$，$\beta_j$ 也称为偏回归系数，表示在其余自变量保持不变的情况下，X_j 每变化一个单位时，E(Y) 的变化或者说 β_j 是 X_j 单位变化对 E(Y) 的“净”影响。

为了避免伪回归，多元线性要满足以下几点经典计量经济学的基本假设：

（1）X 与 Y 之间的关系是线性的，$Y_i = \beta_1 + \beta_2 X_{i2} + \beta_k X_{ik} + \varepsilon_i$，$i = 1,\ 2,\ \cdots,n$ 即 $E(Y/X_{i1},\ X_{i2},\ \cdots,\ X_{ik})$ 是参数的线性函数。

（2）X 是 $n \times k$ 的满列秩矩阵（$n \geq k$），即 $Rank(X) = k$，在实践中，为了满足数据需要，n 至少必须大于等于 2k，若 $n \geq 3k$ 比较合适。上述假设表明 X 之间不存在完全或高度共线性。

（3）ε 零均值假设。

$$E(\varepsilon|X)=\begin{bmatrix}E(\varepsilon_1|X)\\ \vdots \\ E(\varepsilon_n|X)\end{bmatrix}=0\Rightarrow E(Y|X)=XB \quad (8-2)$$

所有的 X 的观测值都无法给期望值提供更多的信息。否则，用 OLS 估计出的 $\hat{B}$ 不会是最佳无偏估计量。

（4）同方差假设，对于任意的 i，有 $E(\varepsilon_i^2)=\sigma^2$。

（5）不同观测值的误差项不相关，对于任意的 $i=j$，$E(\varepsilon_i\varepsilon_j)=0$，上面（4），（5）两条可以归纳为：$E(\varepsilon\varepsilon')=\sigma^2 I_n$。

（6）正态性假设，误差项 ε_i 服从正态分布，即 $\varepsilon_i \sim N(0, \sigma^2)$ 上面（3），（4），（5），（6）四条可以归纳为：$\varepsilon_{n\times1} \sim N(0, \sigma^2 I_n)$，$X \sim N(\mu, \sum)$。

$$f(X)=\frac{1}{(2\pi)^{\frac{n}{2}}\left|\sum\right|^{\frac{1}{2}}}\exp\left[-\frac{1}{2}(X-\mu)'\sum{}^{-1}(X-\mu)\right] \quad (8-3)$$

（7）$X_{n\times k}$是常数阵，即 X 非随机。

另外，X 非随机，即意味着 $E(x\varepsilon)=0$，X 与 ε 不相关，则 Y 的分布取决于 ε 的分布。未知参数的个数（β_1，…，β_k，σ^2）共 $k+1$ 个。

二、变量选取和数据说明

为了探讨影响黑龙江省生产性服务业发展的因素，分别从需求和供给双方来进行考量。总体来讲，分为如下四个方面：经济发展模式制约、经济发展水平、体制因素、创新发展水平因素。这四个因素在建立模型检验时需要予以具体化，以便量化处理。因此，本书选取生产性服务业占 GDP 比重（Y）为因变量，选取制造业占 GDP 比重（X_1）、人均 GDP（X_2）、财政支出占 GDP 比重（X_3）、人均专利申请书（X_4）为自变量，部分指标计算方法如下：

$$生产性服务业占\text{GDP}比重(Y_1)=\frac{生产性服务业增加值}{地区生产总值\text{GDP}} \quad (8-4)$$

$$制造业占\text{GDP}比重(X_1)=\frac{制造业增加值}{地区生产总值\text{GDP}} \quad (8-5)$$

$$财政支出占 GDP 比重(X_2)=\frac{财政支出总值}{地区生产总值 GDP} \quad (8-6)$$

$$人均专利申请书(X_4)=\frac{专利申请总数}{年末总人口} \quad (8-7)$$

本书根据研究目的选取黑龙江省 2003～2015 年以上 5 个指标的时间序列数据，采用多元线性回归模型进行建模，数据来源于历年《黑龙江统计年鉴》，运用 EViews 5.0 进行以下所有的模型估计和检验。

三、实证分析及结果说明

利用最小二乘法（OLS）对模型进行估计，并结合多元统计模型的经典计量经济学假设对模型进行检验并根据检验结果修正模型，最后确定符合基本假设和经济学原理的多元线性回归模型。

1. 模型的建立

根据多元线性回归模型，构造模型一：

$$Y_i=\beta_0+\beta_1X_{i1}+\beta_2X_{i2}+\beta_3X_{i3}+\beta_4X_{i4}+\mu_i \quad (8-8)$$

设置显著水平为 0.5，根据最小二乘原理估计各参数值如表 8－1 所示。

表 8－1 模型一的回归结果

变量	参数估计值	参数标准差	T 统计量	P 值
C	0.238392	0.008311	31.07357	0.0000
X_1	0.183672	0.060806	1.325557	0.2332
X_2	0.021722	6.88E－07	5.768448	0.0012
X_3	0.131483	0.056164	2.341078	0.0578
X_4	33.06417	26.25544	1.259326	0.2547
R－squared	0.966666	D. W. 值	2.568543	
调整 R－squared	0.944444	F 统计量	43.49947	

根据回归结果 X_1 和 X_4 的效果不显著，根据对比之后，剔除自变量 X_4，构

建回归模型二：

$$Y_i = \beta_0 + \beta_1 X_{i1} + \beta_2 X_{i2} + \beta_3 X_{i3} + \mu_i \quad (8-9)$$

运用最小二乘法对模型二的变量进行回归估计，回归估计结果如表 8 - 2 所示。

表 8 - 2　模型二的回归结果

变量	参数估计值	参数标准差	T 统计量	P 值
C	0. 255769	0. 008404	30. 43570	0. 0000
X_1	0. 284762	0. 074382	2. 858393	0. 0136
X_2	0. 023537	6. 63E - 07	5. 491039	0. 0009
X_3	0. 196083	0. 023806	8. 236809	0. 0001
R - squared	0. 957856	D. W. 值	2. 262328	
调整 R - squared	0. 939794	F 统计量	53. 03187	

可见，修改后的模型，其各解释变量通过了 T 检验，各解释变量对被解释变量影响显著。R - squared = 0. 957856，修正后的 R - squared = 0. 939794，估计的回归方程与样本观测值拟合得很好，模型二的估计结果为：

$$Y_i = 0.255769 + 0.284762 X_{i1} + 0.023537 X_{i2} + 0.196083 X_{i3} + \mu_i \quad (8-10)$$

2. 模型的计量经济学检验

对模型二进行经典计量经济学检验，包含残差平稳性检验、异方差性检验、自相关性检验和多重共线性检验。

残差序列的平稳性检验。用 ADF 法对模型二的残差序列进行平稳性检验，结果如表 8 - 3 所示。

表 8 - 3　残差序列的平稳性检验

检验类型	P 值	ADF 检验值	显著水平	临界值	检验结果
未差分滞后阶数为 1	0. 0447	- 3. 287142	1%	- 4. 297073	未通过
			5%	- 3. 212696	通过
			10%	- 2. 747676	通过

从结果可见，在5%的显著水平下不存在单位根，模型通过残差序列平稳性检验。

异方差检验。对于模型：

$$Y_i = \beta_0 + \beta_1 X_{i1} + \beta_2 X_{i2} + \cdots + \beta_k X_{ik} + \mu_i \quad (8-11)$$

同方差性假设为：

$$Var(\mu_i \mid X_{i1}, X_{i2}, \cdots, X_{ik}) = \delta^2, \ i=1, 2, \cdots, n \quad (8-12)$$

不同的样本，其随机干扰项方差非常数彼此不同，便呈现了异方差性。多元线性模型若呈现异方差性，仍采用最小二乘（OLS）法估计模型，就会产生一系列后果，这里综合运用图示法和怀特检验法对模型二的异方差性进行检验。

（1）图示法——残差的图示检验。

得出模型二的残差图，如图8－1所示。

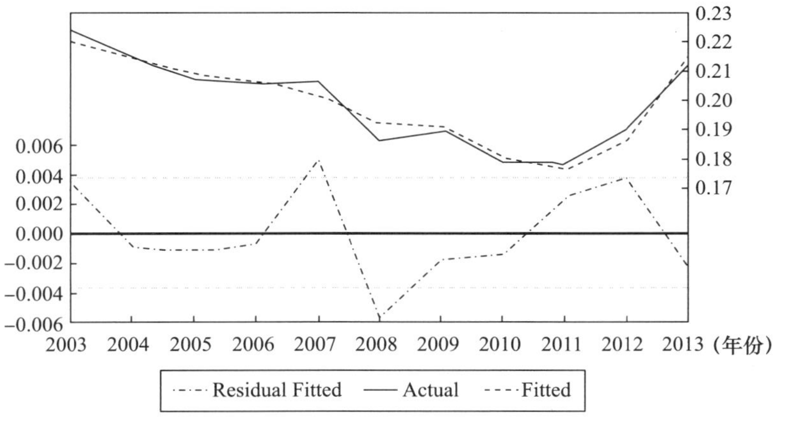

图8－1 模型二的残差图

从图8－1可得到，残差分布的离散程度不存在显著增大或缩小的趋势，则说明Y的离散程度并不与因变量之间具有一定的相关关系，因此能初步判断模型不存在异方差。但是图示检验法只能大概地判断模型的异方差性，如果方差不太明显，仍要采用更加精确的方法，下面采用怀特检验对模型的异方差性进行再次验证。

（2）怀特检验：

怀特检验的检验结果如表 8 -4 所示。

表 8 -4　模型二的异方差检验

指标	数值	指标	数值
F - statistic	3. 711500	Prob. F（9，1）	0. 3838
Obs * R - squared	10. 68027	Prob. Chi - Square（9）	0. 2983
Scaled explained SS	2. 398739	Prob. Chi - Square（9）	0. 9835

Prob. F(9，1) =0. 3838 >0. 05，因此接受原假设，模型二不存在异方差。即 Y 的离散程度并不与自变量之间存在相关关系。因此可以消除异方差对该模型的影响。

序列相关性检验。序列相关性又称自相关（Auto Correlation），是指不同样本值的随机误差项之间不是完全独立的，有着某种相关关系。如果多元统计模型出现了自相关，那么用 OLS 法估计模型参数，就会出现一系列后果，如参数估计值失效、变量显著性检验及模型预测失败等。因此运用拉格朗日乘数（LM）检验法对模型二的自相关性进行检验，检验结果如表 8 -5 所示。

表 8 -5　模型二的自相关检验

指标	数值	指标	数值
F - statistic	0. 978224	Prob. F（2，5）	0. 4380
Obs * R - squared	3. 093667	Prob. Chi - Square（2）	0. 2129

Prob. F(2，5) =0. 4380 >0. 05，接受原假设，模型二不存在自相关。因此可以排除自相关性对该模型的影响。

多重共线性的检验。对于模型：

$$Y_i = \beta_0 + \beta_1 X_{i1} + \beta_2 X_{i2} + \cdots + \beta_k X_{ik} + \mu_i \quad (8-13)$$

其基本假设之一 X_1，X_2，…，X_k 之间是相互独立的。假若某两个或几个变量之间存在相关性，则出现了多重共线性。多元统计模型中如果呈现了多重共线性，仍用 OLS 法来估计模型参数，会产生一系列后果：完全共线性时参数估计值不存在、近似共线性时 OLS 法参数估计值的方差增大、参数估计值无经济意义、变量的显著性检验和模型的预测失败，对于模型二的多重共线性的检验如表 8－6 所示。

表 8－6　模型二的相关系数表

	Y	X_1	X_2	X_3
Y	1.000000	0.440292	0.548760	－0.298161
X_1	0.537484	1.000000	0.973684	0.938943
X_2	－0.548760	0.980548	1.000000	0.956731
X_3	－0.298161	0.984191	0.956731	1.000000

由表中数据发现 X_1，X_2 与 X_3 间存在着高度相关性，采用逐步回归法来修正多重共线性，将这三个自变量分别与因变量作线性回归，并寻找最佳的回归方程，如表 8－7 所示。

表 8－7　逐步回归表

	C	X_1	X_2	X_3	R－squared
f（X_1）	0.207247	0.030619			0.760283
t 值	30.99936	1.471145			
f（X_1，X_2）	0.269184	0.176529			0.549386
t 值	10.67486	2.099355	2.512351		
f（X_1，X_3）	0.210657	0.325546		0.227353	0.876325
t 值	55.30239	4.958478		4.564275	

第一步，分别作 Y 与 X_1，X_2，X_3 间的回归，回归结果显示，Y 受 X_1 的影响最大，因此建立 $Y = f(X_1)$ 为初始的回归模型。

第二步，引入 X_2，拟合优度降低，因此剔除 X_2，引入 X_3，拟合优度增加，且参数符号合理，变量也通过了 t 检验，因此确定模型三 $Y = f(X_1, X_3)$ 为最优模型，模型三的拟合结果如下：

$$Y_i = 0.210657 + 0.325546X_{i1} + 0.227353X_{i3} + \mu_i \quad (8-14)$$

说明：对式（8－14）依次进行了残差序列平稳性检验、异方差检验、自相关性检验，均通过检验，符合计量经济学的基本假设，限于篇幅，此处不一一列出。

3. 结果分析与解释

从以上三个多元统计模型我们可以看出：

（1）从模型一的结果来看，黑龙江省生产性服务业（Y）受制造业增加值占GDP的比重（X_1）、人均GDP（X_2）、政府财政支出占GDP比重（X_3）的影响，但是受人均专利申请数（X_4）的影响并不显著。

（2）从模型二的结果来看，制造业占GDP的比重（X_1）、人均GDP水平（X_2）、政府财政支出占GDP（X_3）将对生产性服务业的发展产生正的影响，模型中的各个自变量是生产性服务业影响因素的量化。

（3）从模型三的结果来看，由于多重共线性的存在，依据逐步回归法剔除了人均GDP，最终模型的解释变量为制造业占GDP的比重（X_1）、财政支出（X_3）。

综合以上模型结果，按照不同解释变量所代表的影响因素我们可以得出以下几点结论：

第一，代表经济发展模式的因素X_1（制造业增加值占GDP比重）从实证模型的系数来看，几个因素中，X_1的回归系数是最大的，可见黑龙江省制造业的发展模式对生产性服务业具有至关重要的影响。然而，黑龙江省制造业对生产性服务业的影响需要一分为二地看。一方面，制造业规模和水平的提高可以促进社会分工的深化和生产率的提高，这样有利于制造业企业将生产环节中的服务外包出去，以及开拓生产性服务业的业务范围。从这个角度来讲，第二产业尤其是制造企业的发展将会对其产生积极的影响。但是，从另一个角度来讲，黑龙江省现阶段产业结构不合理，正处于由粗放型增长模式向集约型增长模式的过渡阶段，经济增长仍然主要依靠第二产业拉动，政府政策性支持和资金投入也多集中于制造业。这样不利于生产性服务业乃至整个第三产业的发展。

第二，代表经济发展水平的指标X_2（人均GDP）同生产性服务业的发展呈较为显著的正相关关系。经济发展水平对黑龙江省生产性服务业有较为积极的推动作用，是促进其发展的原动力。人均 GDP 作为代表一个地区经济发展水平的关键指标，对生产性服务业的发展有重要作用，但由于存在多重共线性而被剔除。

第三，代表体制因素的 X_3（财政支出占 GDP 比重）对生产性服务业的发展呈显著的正相关关系，可见财政支出的增加对生产性服务业有正向的推动作用，这点也说明了财政投入以及政府相关政策对其发展的重要性。

第四，代表创新发展水平的指标 X_4（人均专利申请数），其对生产性服务业的发展影响并不显著，可见创新能力仍有待提高。黑龙江省现阶段创新型人才培养体系滞后，而生产性服务业的发展尤其是新兴业态生产性服务业的发展，亟须创新型人才作为智力支持。由于人才的匮乏，使得生产性服务业领域的创新难以实现本质的突破，因此对生产性服务业的影响并不显著。

第九章　黑龙江省急需发展的生产性服务业

一、工业化进程的衡量标准

H. 钱纳里和西蒙·库兹涅茨等在以上划分阶段和不同发展时期的基础上又主要通过人均 GDP、三次产业结构、就业结构和城市化水平四个指标对工业化进程进行具体衡量。其中，以人均 GDP 指标最具指导性。

1. 人均 GDP（美元/人）衡量标准

H. 钱纳里等把经济增长理解为经济结构的全面转变，并借助多国模型提出了人均 GDP 衡量工业化阶段的标准模式（见表 9－1）。

表 9－1　H. 钱纳里人均经济总量与经济发展阶段关系

人均 GDP（1970 年美元值）	人均 GDP（1980 年美元值）	时期	经济发展阶段	
140～280	300～600	1	工业化准备期	初级产品生产阶段
280～560	600～1200	2	工业化初期	工业化阶段
560～1120	1200～2400	3	工业化中期	
1120～2100	2400～4500	4	工业化成熟期	
2100～3300	4500～7200	5	发达经济初期	经济稳定增长阶段
3300～5040	7200～10800	6	发达经济高级期	

资料来源：H. 钱纳里等．工业化和经济增长的比较研究［M］．上海：上海三联书店，1989.

人均经济总量标准是在汇率法基础上得出的，在运用此标准时，必须考虑美元自身贬值对结论判断的可能影响。所以，在折算时应把比较期的人均 GDP 换算为 1980 年（或 1970 年）的美元值，或者把发展阶段划分的数量标准调整为比较期的美元值。折算方法一般有汇率法和购买力平价法两种（本书按汇率法将比较期人均 GDP 换算为 1980 年的美元值）。

2. 三次产业结构（%）衡量标准

西蒙·库兹涅茨等研究证实：工业化演进过程可通过产业结构的变动表现出来。在工业化起点，第一产业比重较高，第二产业比重较低。随着工业化的推进，第一产业比重持续下降，第二、第三产业比重相应提高，当第二产业比重上升到最高水平，工业化就进入成熟期。此后第二产业的比重转为相对稳定或有所下降（见表 9－2）。

表 9－2　西蒙·库兹涅茨三次产业结构与经济发展阶段关系

三次产业 GDP 结构（%）			时期	经济发展阶段
第一产业比重	第二产业比重	第三产业比重		
大于 33.7	小于 28.6	小于 37.7	工业化准备期	初级产品生产阶段
小于 33.7	大于 28.6	大于 37.7	工业化初期	工业化阶段
小于 15.1	大于 39.4	大于 45.5	工业化中期	
小于 14.0	大于 50.9	大于 35.1	工业化成熟期	
小于 14.0	小于 50.0	大于 36.0	工业化后期	经济稳定增长阶段

3. 就业结构（%）衡量标准

17 世纪，西方经济学家威廉·配第发现，随着经济的不断发展，产业中心将逐渐由有形财物的生产转向无形的服务性生产，他指出：工业往往比农业的利润多，而商业往往又比工业的利润多得多，因此劳动力必然由农转工，而后再由工转商。英国经济学家克拉克在此基础上，计量和比较了不同收入水平下，就业人口在三次产业中分布结构的变动趋势，印证了配第的观点，后人把克拉克的发现称为配第—克拉克定理。就业结构衡量标准主要根据配第—克拉克定理得出（见表 9－3）。

表9-3 就业结构与经济发展阶段关系（配第—克拉克定理）

<table>
<tr><th colspan="3">三次产业就业结构（%）</th><th rowspan="2">时期</th><th rowspan="2">经济发展阶段</th></tr>
<tr><th>第一产业就业比重</th><th>第二产业就业比重</th><th>第三产业就业比重</th></tr>
<tr><td>大于63.3</td><td>小于17.0</td><td>小于19.7</td><td>工业化准备期</td><td>初级产品生产阶段</td></tr>
<tr><td>小于46.1</td><td>大于26.8</td><td>大于27.1</td><td>工业化初期</td><td rowspan="3">工业化阶段</td></tr>
<tr><td>小于31.4</td><td>大于36.0</td><td>大于32.6</td><td>工业化中期</td></tr>
<tr><td>小于24.2</td><td>大于40.8</td><td>大于35.0</td><td>工业化成熟期</td></tr>
<tr><td>小于17.0</td><td>大于45.6</td><td>大于37.4</td><td>工业化后期</td><td>经济稳定增长阶段</td></tr>
</table>

4. 城市化率（%）衡量标准

城市化与工业化是相伴而生、共同发展的，工业化必然带来城市化，而城市化所提供的集聚效应又反过来推进工业化进程。H. 钱纳里等经济学家曾如此概括工业化与城市化之间的对比关系。一般认为，在工业化准备期，城市化率小于32.0%；工业化的实现和经济增长时期，城市化率在32.0%~65.2%；在工业化后期，即经济稳定增长阶段，城市化率在65.2%以上（见表9-4）。

表9-4 H. 钱纳里城市化率与经济发展阶段关系

<table>
<tr><th>城市化率（%）</th><th>时期</th><th>经济发展阶段</th></tr>
<tr><td>小于32.0</td><td>工业化准备期</td><td>初级产品生产阶段</td></tr>
<tr><td>小于36.4</td><td>工业化初期</td><td rowspan="3">工业化阶段</td></tr>
<tr><td>小于49.9</td><td>工业化中期</td></tr>
<tr><td>小于65.2</td><td>工业化成熟期</td></tr>
<tr><td>大于65.2</td><td>工业化后期</td><td>经济稳定增长阶段</td></tr>
</table>

因此，工业化准备期：人均GDP在300~600美元（1980年的美元值，下同）；三次产业结构，第一产业大于33.7%，第二产业小于28.6%，第三产业小于37.7%；就业结构，第一产业从业人员超过63.3%，第二、第三产业从业人员分别小于17.0%、19.7%；城市化水平小于32.0%。

工业化初期：人均GDP在600~1200美元；三次产业结构，第一产业小于33.7%，第二产业大于28.6%，第三产业大于37.7%；就业结构，第一产业从业人员小于46.1%，第二、第三产业从业人员分别大于26.8%、27.1%；城市化水平在32.0%～36.4%。

工业化中期：人均GDP在1200～2400美元；三次产业结构，第一产业小于15.1%，第二产业大于39.4%，第三产业大于45.5%；就业结构，第一产业从业人员小于31.4%，第二、第三产业从业人员分别大于36.0%、32.6%；城市化水平在36.4%～49.9%。

工业化成熟期：人均GDP在2400～4500美元；三次产业结构，第一产业小于14.0%，第二产业大于50.9%，第三产业大于35.1%；就业结构，第一产业从业人员小于24.2%，第二、第三产业从业人员分别大于40.8%、35.0%；城市化水平在49.9%～65.2%。

工业化任务完成后，进入经济稳定增长阶段。此时，人均GDP进一步提高，以工业为主的第二产业在保持了较长时间的持续高速增长后，将适度回调，第一、第三产业保持相对稳定，就业结构进一步优化，城市化水平进一步提高，国民经济走上健康稳定的良性发展轨道。

二、黑龙江省工业化进程判断及对比分析

2016年黑龙江省全年实现地区生产总值（GDP）为15386.1亿元，按可比价格计算，比上年增长6.1%。其中，第一产业增加值为2670.5亿元，增长5.3%；第二产业增加值为4441.4亿元，增长2.5%；第三产业增加值为8274.2亿元，增长8.6%。三次产业结构为17.4∶28.9∶53.7。全省人均地区生产总值实现40432元，比上年增长6.5%。非公有制经济增加值为8176.6亿元，比上年增长7.7%，占全省地区生产总值的53.1%。全省非公有制经济企业有23.1万户，拥有企业从业人员达324.4万人，完成固定资产投资达7046.5亿元，实现进出口总值为82.3亿美元，实现税收收入达942.9亿元（见图9－1）。

物价水平。全年居民消费价格总指数（CPI）比上年上涨1.5%，低于全国平均水平0.5个百分点。其中，城市上涨1.2%，农村上涨2.1%。从商品类别看，呈现“6升2平”：医疗保健上涨3.7%，食品烟酒上涨2.6%（其中粮食价

格上涨1.0%，畜肉价格上涨11.6%，鲜菜价格上涨6.9%，食用油价格上涨1.9%，水产品价格上涨2.3%，禽肉价格下降0.6%，蛋类价格下降3.1%），其他用品和服务上涨2.1%，教育文化和娱乐上涨1.7%，衣着上涨1.0%，生活用品及服务上涨0.4%；居住和交通通信价格与上年持平。商品零售价格比上年上涨1.1%，固定资产投资价格下降0.6%，建筑安装工程价格下降0.6%，农产品生产价格下降6.4%，农业生产资料价格与上年持平。全省工业生产者出厂价格比上年下降4.9%，其中，生产资料价格下降6.6%，生活资料价格下降0.9%。工业生产者购进价格下降4.0%，其中，燃料动力类、黑色金属材料类和纺织原料类分别下降7.0%、4.1%和3.2%。

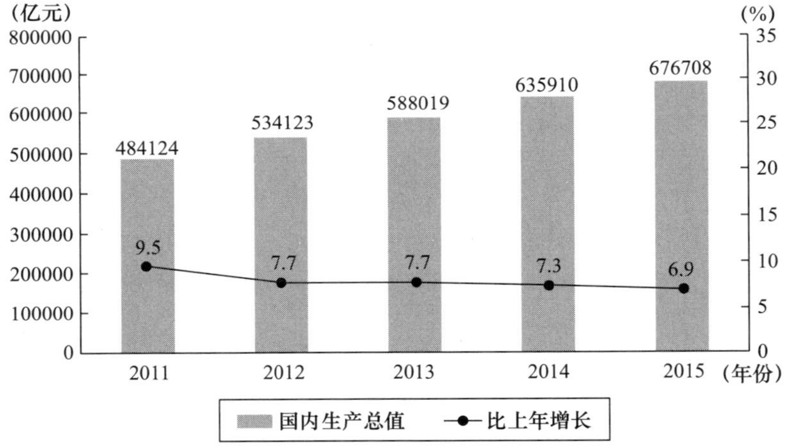

图9－1　2011～2015年国内生产总值及其增长速度

就业情况。全年城镇新增就业62.9万人，城镇人员失业再就业人员47.4万人，困难群体再就业人员18.7万人。年末城镇登记失业率为4.22%，比上年下降0.26个百分点。

工业生产。全年工业企业实现增加值3686.1亿元，按可比价格计算比上年增长2.1%，增加值占地区生产总值的24.0%。其中，规模以上工业企业（年主营业务收入2000万元及以上，下同）实现增加值2994.2亿元，增长2.0%。其中，国有及国有控股企业增加值1578.2亿元，下降0.5%；集体企业增加值为

11.9亿元，下降12.4%。从轻重工业看，轻工业增加值为973.8亿元，增长2.9%；重工业增加值为2020.4亿元，增长1.6%。从企业规模看，大中型企业增加值为2024.0亿元，下降0.2%；小型企业增加值为941.5亿元，增长6.7%。

工业效益。全年规模以上工业企业主营业务收入为11166.5亿元，比上年下降2.2%；主营业务成本为9595.0亿元，下降0.9%。全省规模以上工业企业实现利润为244.0亿元，下降40.6%。其中，地方规模以上工业企业主营业务收入为8268.5亿元，比上年下降0.4%；主营业务成本为7251.0亿元，下降0.4%；实现利润为343.8亿元，增长2.1%。

四大主导产业。全年装备、石化、能源、食品四大主导产业实现增加值为2406.5亿元，比上年增长1.2%，占规模以上工业的80.4%。其中，食品工业增长2.6%；石化工业增长5.7%；装备工业增长1.9%；能源工业下降0.8%。

工业产品产量。在规模以上工业企业253种工业产品中，全年产量比上年增长的有108种，占42.7%，其中有39种产品产量增幅超过20%。在重点监测的26种工业产品中，产量增长的有8种，下降的有18种。增长较快的有：乙烯110.8万吨，增长31.8%；成品糖0.4万吨，增长13.1%；轮胎外胎541.6万条，增长9.7%；水泥3544.7万吨，增长8.2%。降幅较大的有：微型电子计算机1.1万部，下降35.0%；金属切削机床358台，下降29.1%；机制纸及纸板34.4万吨，下降26.7%；合成氨48.5万吨，下降22.6%；钢材332.7万吨，下降17.4%。

（1）从人均GDP水平看，黑龙江省2011年人均GDP为27076元，根据1980年人民币兑美元平均汇率计算，人均GDP约合4165美元。对照标准，显示目前黑龙江省已处于工业化成熟期水平。

（2）从三次产业结构看，2011年为12.6∶50.2∶44.4，对照标准，黑龙江省第一产业比重在12%～13%，显示处于工业化后期阶段；第二产业比重在47%～55%，反映已进入工业化成熟期水平；但从第三产业的角度看，比重小于37.7%，尚属工业化准备期。综合考虑三次产业发展水平，可以认为黑龙江省的工业化进程正处于由中期向成熟期跨越阶段（见图9－2）。

（3）从就业结构看，近10年来，黑龙江省第一产业就业比重呈逐年下降趋势，从2001年的50.5%降至2011年的41.3%，下降了9.2个百分点。而第二、第三产业就业比重则逐年增加，反映黑龙江省社会就业结构随着经济的增长呈现正常良性的变化趋势，符合工业化发展进程的一般规律。

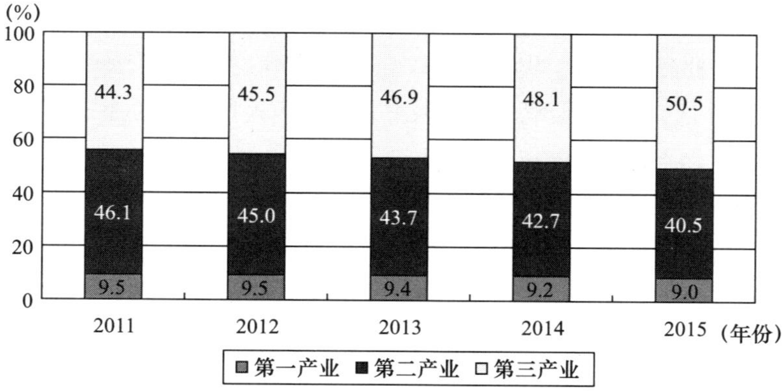

图9-2　2011~2015年第三产业增加值占国内生产总值比重

2011年末，就业人员总数达到1932万人。其中，从事第一产业的人员有798.6万人，从事第二产业的人员有374.4万人，从事第三产业的人员有245.1万人，就业结构为41.3∶19.4∶39.3。对照标准，黑龙江省第一产业就业人员比重小于46.1%，接近工业化中期水平；第二产业就业人员比重小于26.8%，刚刚进入工业化中期；第三产业就业人员比重接近39.3%，处于工业化后期范围，综合考虑就业结构水平，可以认为黑龙江省工业化进程正在接近成熟期水平。

（4）从城市化水平看，近年来，随着产业结构的不断调整和农村经济实力的逐步增强，黑龙江省人口向城镇集中的趋势越来越明显，全省城镇化水平获得稳步提升。2011年，全省年末总人口为3834万人，其中，非农人口占49.9%万人。剔除区划调整因素，与2000年相比，非农人口增长了13.7个百分点。到2016年末，常住人口城镇化率为59.2%，比上年提高0.4个百分点；户籍人口城镇化率为49.9%。对照标准，处于工业化中期。

从以上分析看，黑龙江省工业化进程各项指标所表现出来的特征还存在一些差异，对照不同评价标准，指标反映有超前的，也有滞后的。综合起来判断，黑龙江省的经济发展水平目前已处于工业化中期向成熟期跨越阶段。

三、黑龙江省经济发展阶段对生产性服务业需求

不同经济发展阶段，其服务业侧重发展的产业部门不同，各产业部门对服务业的作用和贡献也不同，但在每个阶段总有主导产业部门带动服务业发展。服务业在前工业社会阶段、工业化阶段和后工业社会阶段的表现十分不同。通常认为，在前工业社会阶段，个人服务和家庭服务是服务业的主要内容；工业社会阶段，与商品生产有关的服务如商业、交通运输业及生产者服务业等迅速发展起来；后工业社会阶段，知识型服务和公共服务成为主要力量，如表 9－5 所示。服务业演进的这种阶段性特征是有原因的。在工业化时期，商业和交通、通信业领先发展，这是因为产业资本和市场的形成有赖于商业和交通通信的配合发展；在工业化加速期和工业化后期，金融、保险等生产性服务业快速发展，以便筹集资本和调整社会资源配置；后工业化时期，已步入信息社会，因此与信息有关的行业发展迅速。

表 9－5　不同经济发展阶段的服务业

<table>
<tr><td colspan="2" rowspan="2">前工业社会</td><td>人均收入水平（元）</td><td>服务业发展重点</td></tr>
<tr><td>50～200</td><td>个人服务、家庭服务等</td></tr>
<tr><td rowspan="3">工业社会</td><td>工业化前期</td><td>200～600</td><td>公共设施：如商业、交通运输业、通信业、金融、保险等</td></tr>
<tr><td>工业化加速期</td><td>600～1500</td><td>生产者服务业：专业服务、信息和中介服务、金融保险服务以及与贸易相关的服务</td></tr>
<tr><td>工业化后期</td><td>1500～40000</td><td>个人服务：如房地产、旅游、娱乐等</td></tr>
<tr><td colspan="2">后工业社会</td><td>4000～200000</td><td>信息业：如教育、科研、通信</td></tr>
</table>

资料来源：黄少军．服务业与经济增长［M］．经济科学出版社，2000.

目前很多实体企业，尤其是中小企业基本上还是靠单打独斗来生存，急需研发服务、设计创意、信息技术、金融服务、供应链和物流服务等，无论是发展水平还是体系化保障，都还不能够提供有力支撑，企业“小而全”、协同弱、库存

高、成本高、效率低的情况还比较普遍，影响了实体经济整体的竞争力。此外，企业与市场之间的供求关系失衡、产业供应链体系的缺失，进一步加剧了经济结构性失衡、循环不畅等突出问题。

在发展目标、发展重点和发展顺序上，要坚持以市场需求为导向，分轻重缓急，有重点地推进生产性服务业发展。黑龙江省目前处于工业化中期阶段，根据工业化进程和生产性服务业发展需求理论，这个阶段生产性服务业应优先发展物流、信息服务、金融、保险、技术研究与开发和商务服务等行业和产业。

四、黑龙江省生产性服务业进一步发展的有利与不利因素

（1）政策优势——国家政策的扶持。振兴东北老工业基地战略为黑龙江省生产性服务业提供了发展的契机。黑龙江省作为老工业基地，在改革过程中享受的优先改革、投资倾斜、贴息贷款等国家给予的优惠政策也同样适用于生产性服务业。服务业是最能吸引外资的行业，因此老工业基地的振兴为黑龙江省服务业带来了充足的资金和良好的投资环境，更有利于发展。

（2）市场优势——社会经济发展对生产性服务业发展的要求加强。作为重要的老工业基地、最大的资源省份和粮食主产区，也面临着严重的“三农”和工业老化等特殊困难，在这种情况下，第一、第二产业和资源型城市接续产业的发展，对生产性服务业的需求更多，要求更高。因此，生产性物流、科技开发、工程设计、金融保险、法律、会计、管理咨询、市场营销等生产性服务业必然会存在较大的需求市场。

（3）区位及资源优势——自然地理环境及丰富资源。黑龙江省位于我国东北部，与俄罗斯边界线长 3045 公里，是亚洲及太平洋地区陆路通往独联体国家和欧洲大陆的重要通道，是连接俄罗斯、蒙古国、朝鲜、韩国、日本的枢纽和桥梁；文化资源优势独具特色，自然景观丰富，冬季雪量大、雪期长、雪质好，适于滑雪、冰灯等旅游项目。得天独厚的区位优势是黑龙江省发展生产性服务业的良好基础条件。

(4) 外部优势——对外开放力度加大,国外服务业发展。对黑龙江省生产性服务业发展的促进与刺激作用随着我国加入 WTO 和对外开放程度的加大,国外的资金、技术和先进的管理经验值得我们借鉴,趋利避害,有效地利用和吸收消化,使黑龙江省的生产性服务业发展更上一个新的台阶。

五、黑龙江省生产性服务业进一步发展的不利因素

1. 服务观念落后

长期以来,服务业的很多领域被当作非生产活动,一些应当作商业化经营的领域,被当作公益型、福利型的事业来办。政府对科研和技术服务过于看重其公益性功能;对邮电通信、金融保险等生产性服务,过于看重其调节经济保障稳定功能;对住宅、城市交通等过于注重其社会福利功能。观念上的落后直接导致服务业中许多行业过于依赖政府投入。加上传统的计划经济思想根深蒂固,企业"大而全""小而全"万事不求人的现象十分普遍,企业的生产服务多由企业本身承担,为生产服务的服务业的发展也受到了严重制约,虽经过多年改革,但这些现象并没有彻底铲除,甚至依然相当严重,其发展环境不宽松,并继续制约着服务业的发展。

2. 服务业政府管制多

服务业中的一些垄断行业和限制进入的政策和制度抑制了服务业的发展。在服务业发展过程中,市场进入限制多,行业垄断是一种普遍现象。国家对服务业行业的垄断主要表现在:第一,市场准入限制,在电信、金融、保险、银行、民航、铁路等行业中表现最明显,限制外资和民营资本进入。国家行业垄断的结果直接造成市场配置的低效率和竞争的无序。第二,价格制定。至今有些行业的市场价格仍以国家制定为准。长期以来,服务业价格只是被当作计划的工具、核算的手段使用,无论是纯公共产品还是准公共产品都由政府来提供,价格被严重低估是一种长期以来的普遍现象。因此,价格根本无法发挥其对服务业经济增长的促进作用。

3. 城市化滞后

服务业的发展水平与城市化率呈正相关关系，城市化率越高的地区，其服务业比重越大。只有当对服务产品的需求达到一定规模的时候，供给才会产生，这种达到规模的需求是以大量人口的聚集为前提的，城市化恰恰提供了这样的条件。黑龙江省服务业总量规模小、比重低主要是由长期以来农村人口占绝大多数、城市化水平低的特殊省情决定的。城市化是服务业发展的必要条件，这是由服务产品本身所具备的特性决定的。城市化水平的提高可以为服务业发展创造需求基础；服务业发展的规模和结构也取决于城市化水平和城市规模结构。农村人口的生产和生活方式对服务业的需求较小，现存制度中对人口流动的限制，尤其是农业人口向城市流动的限制，导致了城市化水平相对较低和大量人口滞留在农村，这也抑制了服务业的发展。

4. 内部结构不合理

服务业产业结构合理化，其实质是指服务业各产业之间存在着较高的聚合质量。判断一个国家或地区的服务业内部结构是否合理，我们一般采用标准结构法，即通过比较一个地区的服务业内部结构和服务业内部标准结构的差异，来分析该地区的服务业内部结构是否合理。从目前黑龙江省服务业的现状来看，黑龙江省服务业企业组织化程度和管理水平低，服务业仍以传统服务业为主，新型服务业比重小，代表新兴行业的金融、信息咨询、中介服务等产业与先进省市相比差距较大，其融资困难、运输不畅和信息不灵的问题还比较突出。在传统服务业内部，连锁经营、电子商务等新型业态发展不快。

第十章　制约黑龙江省生产性服务业与制造业耦合式发展的因素与瓶颈分析

此章是结合前面章节对黑龙江省生产性服务业与制造业耦合式发展现状的分析以及实证分析所揭示的问题进行总结，并探究其形成的原因，为后面政策建议的提出奠定基础。

一、黑龙江省生产性服务业与制造业耦合式发展存在的问题

此节从三个角度：即黑龙江省生产性服务业、制造业以及两者耦合式发展存在的问题进行分析，以全面探究黑龙江省两产业耦合式发展存在的问题。

（一）黑龙江省生产性服务业发展存在的问题

目前，黑龙江省正处于经济转型的关键时期，然而在实践过程中，对于未来趋势的把握和产业结构调整的定位还不明确，只是在观念上产生了初步的转变。特别是在生产性服务业领域，仍旧缺乏充足的重视，仅仅是靠市场自身的发展，缺少合理的政策引导，从而造成其现有生产性服务业发展较为滞后，主要存在的问题有以下几点。

1. 发展不均衡

黑龙江省生产性服务业发展不均衡导致集聚效应差，难以达到规模效应，具体表现为以下几个方面：

第一，生产性服务业区域发展不平衡。总体来讲，黑龙江省生产性服务企业

整体实力较弱，规模大和竞争力强的龙头企业很少；从专业化水平来考察，各行业的服务质量不容乐观并存在效率低下的问题，多种服务无法达到高水准；区域之间没有形成合理分工、耦合式发展的集聚化模式，各城区错位发展态势不显著，区域间服务产业趋同化严重。即便黑龙江省交通运输和金融业所占生产性服务业整体比重较大，但区域间产业趋同化现象严重，无益于培养黑龙江省服务品牌和特色。

第二，生产性服务业的发展结构不合理。在第三章现状分析中可了解到，目前黑龙江省生产性服务业的发展不均衡，其中批发和零售业所占比重是最大的，2015 年达到了 1689 亿元，占整个服务业总产值的 22.1%，其次是交通运输、仓储和邮政业，占服务业总产值的 9.2%，其他生产性服务业所占比例均不足 10%，显然，黑龙江省科学技术类生产性服务业发展规模较小，而传统的生产性服务业规模较大，这种产业结构是不合理的。同时，从第五章分析生产性服务业影响因素中可以看到，人均专利申请数作为生产性服务业创新因素的替代，其对生产性服务业不具备显著的影响，我国生产性服务业创新能力仍有待提高。

第三，投资不平均。国际经济危机以来，我国加大了政府投资和扶持力度，我国整体经济得到了迅速的恢复和成长。同样，2009 年以来，黑龙江省也增加了对生产性服务业的投资，但是与其他城市一样，黑龙江省的投资更多的是集中于房地产业，这也直接造成了对其他生产性服务业投资金额与规模的不足。特别是对于金融业以及租赁行业的投资比例极少，其中对金融业的投资仅占投资总额的 1%。显然上述不均衡的产业投资与发展模式导致了黑龙江省生产性服务业发展落后，难以实现区域经济协同发展和集聚效应的发挥。

2. 发展方式转变慢

黑龙江省整体经济发展依然属于劳动、资源密集型，更多的是依靠资源以及廉价劳动力作为经济发展动力的粗放型的经济增长方式，这严重制约了生产性服务业高端化的发展，使其很难真正获得人们的认可以及政府的扶持，而在现有的经济增长方式背景下，政府在短期内也很难给予生产性服务企业政策性支持及合理规划，从而形成了恶性循环，主要体现在以下几个方面：

第一，创新能力差，科学技术投入不足。首先，尽管近几年黑龙江省财政支出中的科研技术支出一直处于上升态势，但总体规模与发达省市和地区相比，仍存在较大差距，财政支出不足致使企业缺乏足够的创新动力与改革推进动能，不利于进行技术创新和技术扩散。其次，企业尤其是大规模企业或集团的创新科研能力不足，导致技术研发能力弱，难以形成优势产业的核心技术。再次，过度依赖于区域外部技术引进，难以形成自身核心竞争力。最后，产业集群内企业不能很好地与核心企业进行匹配，使得技术含量较高的服务产品始终处于外部状态，增加了合作项目成本，降低产业集群优势，使得核心企业难以进行技术的研发与创新。

第二，产业融合度低。生产性服务业本身是传统制造业和现代服务业的一次结合，通过利用彼此之间的优势资源进行合理融合与创新，逐步剥离开传统制造业和服务业中的不足之处，进而实现产业自身的升级优化。通过引入现代新兴技术和文化产业能够有效提升生产性服务业自身的结构优势，更好地去细化和深化专业分工，降低交易费用。但是，从现有的黑龙江省经济发展方式而言，黑龙江省生产性服务业的产业融合度较低，并没有形成上述所说的良好产业结构的优化以及配置效率的提高，在产业融合方面有许多需要改进之处。

3. 政策支撑不足

生产性服务业欠缺系统、完善、有效的政策支撑。首先，由于土地指标的日趋紧张，土地价格、办公楼租金等上涨，提高了商务成本，使得项目难以开展；其次，在水电费用方面，生产性服务业的收费标准远高于工业用水、用电标准；在税收方面，生产性服务业仍然税负较重，主要是因为税费政策缺乏创新性，现行的优惠政策难以符合其特点和发展需要；最后，在对生产性服务业有关企业的投融资、技术引进与创新等方面缺乏完备的政策支持机制，相比其他发达省市，严重缺乏竞争优势和吸引力。

（二）黑龙江省制造业发展存在的问题

黑龙江省制造业整体上具有较大的竞争优势和发展根基，但相对于东部沿海地区等发达地区而言，其依然存在不小的距离。

1. 创新能力有待提高

第一，科研投入不足。2016 年全年黑龙江省的大中型企业科研经费仅占销售收入的1%，相比全国平均水平仍低0.54 个百分点，受投入不足的影响，导致企业科研创新能力弱，重视硬性条件而忽略软实力的培养，重视技术引进而忽略自主创新能力的培养，信息化改革步伐停滞不前，生产水平低下，缺乏行业核心竞争力，内在驱动力严重缺乏。

第二，技术设备落后。由于技术水平落后，加之融资渠道狭窄，致使硬件设施陈旧老化，核心设备数字化、工艺路线柔性灵活化水平较低，高精尖产品的核心控制系统大多依靠外部依赖引进；产品升级换代和新产品开发速度慢；集成化水平极低，技术更新滞后，产品质量有待于提高。一些曾是全国领先的技术设备，由于技术革新慢，优势在不断弱化，致使制造业的整体竞争力下降。

2. 发展滞后，竞争力不足

第一，发展相对缓慢，经济效益低。近几年来，制造业增加值、总资产及产品销售收入等重要指标，皆在全国第十九位左右，发展滞后；总利润额、总资产贡献率、资产利税率、工业增加值率及劳动生产率等指标，均处于全国第二十一位到第二十六位左右。总体从各个指标来衡量都显示出黑龙江省制造业发展速度过于缓慢，与先进地区及全国平均水平均存在一定的差距。

第二，竞争力不足。黑龙江省制造业企业绝大多数是资源、劳动密集型或部分技术密集型，能够提供高级技术的企业较少，导致黑龙江省制造业的资本积累、经济效益、规模效应尚未达到令人满意的水平，其平均生产率更是不及其他发达地区水平，竞争力严重不足；交通运输业作为黑龙江省近几年重点培养的产业之一，在竞争力方面仍略显不足；在通用、专用通信设备业、电子设备制造业等方面基本难以形成所谓的竞争力。

3. 区位劣势突出，人力资本流动性大

区位劣势较突出，科研创新人才流失严重。相对于其他先进省市而言，黑龙江省对于高级人才的吸引能力及培养能力较低，吸引技术人才的难度较大，制造业转型和升级所需要的专业性人才流失严重，成为黑龙江省制造业发展的较大问题之一。

（三）生产性服务业与制造业耦合式发展存在的问题

目前黑龙江省两产业的耦合式发展其本身缺乏良好的创新能力，没有形成有效的能聚效应，同时区域发展以及规模的不均衡造成了两者难以形成良性的耦合式发展关系，具体表现在以下几个方面：

1. 生产性服务业与制造业产业结构不合理，规模效益比较差

一方面，不少制造业企业形成了“大而全”“小而全”的企业形态，从研发到营销以及员工培训等大多数生产性服务业都在企业内部消化，专业化分工程度不高，在增加企业生产成本的同时也割裂了加工制造业与服务业之间的产业关联，使产业链向服务业增值部分的延伸受到抑制。另一方面，由于我国诚信体系不完善，无法保证外包业务能按时完成，也无法保证外包契约能连续、顺利地履行。这样不但导致制造业的产品单一，而且妨碍与制造业紧密相连的生产性服务业的产品开发。在制造业与生产性服务业的协调发展过程中，生产性服务业的创新很少，提供的产品品质也不高，无法满足两种产业协调发展的要求。制造业产业结构不合理直接影响制造业的整体实力和竞争力，而生产性服务业企业规模小又严重制约了两大产业的协调发展。

2. 生产性服务业与制造业协调发展模式不完善

主要表现是生产性服务业对制造业的“推力”不够。生产性服务业企业同质化现象严重，缺乏核心服务能力，不能完全满足制造企业专业化发展的需求，制约了制造业的发展。同时，制造业对生产性服务业的“拉力”也不足。制造业产业链条较短，区域产业配套能力不强，制约了生产性服务业的跨区和溢出功能的有效拓展和发挥。生产性服务业和制造业两者之间基本上是“点对点”或“点对群”的协调发展模式，生产性服务业企业对制造业企业提供的服务更多的是单一功能或是生产经营的某个环节，在很大程度上制约了资源的最大化利用，与“群对群”的最佳模式仍有较大距离。

3. 生产性服务业对制造业的服务滞后

生产性服务业对制造业的推动效果有限的根本原因，主要在于其自身发展不足，如技术进步和高素质劳动者的缺失。黑龙江省生产性服务业的整体规模较小，技术落后，企业存在聚集度低、业务种类少、服务质量差等普遍问题。2009～2016 年黑龙江省制造业的平均增长速度为 14.8%，而生产性服务业的平均增长速度仅为 10.4% 左右，既落后于制造业增长速度，也落后于服务业增长速度（16% 左右）。

同时，在实证分析中，采用格兰杰因果关系方法对两者耦合式发展关系分析

可知，生产性服务业不是制造业的 Granger 原因，对制造业发展的推动效果有限，导致两产业耦合式发展关系薄弱，阻碍了黑龙江省经济的快速、可持续增长。

4. 制造业对生产性服务业的推动作用有待提高

第一，企业生产观念落后。受竞争环境与企业观念的影响，相当多的制造企业仍采用以价格、成本为中心的传统落后的生产理念，这导致制造企业很难主动追求技术革新和产品创新，更难有动力去自主研发、设计新产品、提高产品的科技含量，从而限制了制造业对技术密集型生产性服务业的需求。

第二，外包服务需求不足。黑龙江省制造企业中国有企业较多，由于其用工机制的固化以及生产过程中再造和人员调整的高昂成本，导致其对外包服务需求明显欠缺，也在相当程度上限制了对生产性服务的需求，阻碍了其发展。

第三，促进作用有限。虽然黑龙江制造业在不断地发展壮大中，但其对生产性服务的需求增加并不显著，所产生的需求也无法较好地传达到生产性服务业部门，致使制造业难以实现效益最大化。目前，研发能力较弱，商务服务等相对滞后，使得过多依赖自然资源投入的制造业发展相对缓慢，制约了其进一步的深化发展和产业结构优化。因此，制造的产品生产成本高，附加值低，竞争力较弱。

5. 传统制造业比例过大无益于生产性服务业的发展

目前黑龙江省仍以传统制造业为主，不仅对资源和环境造成了严重影响，而且对信息技术、科学研究型生产性服务业的推动作用也远不如先进制造业。因为传统制造业不发达而且产业结构不合理，导致交通运输、信息咨询、金融保险、科学研究、技术服务等产业进步迟缓，服务外包发展步伐落后，对生产性服务业的产业拓展造成严重制约。同时，黑龙江省制造业基础和企业规模虽然较为完备，但产业链仍不够完整，尚未形成集群效应，其辐射效果也有限，难以形成规模效应，其对生产性服务业的发展及高端化演进的带动作用有限。黑龙江省制造业的增长方式抑制了生产性服务业核心竞争力的提高，在国际产业分工中，基本上从事劳动密集型的生产或装配活动。即使是技术或资本密集型的产品，从事的也是劳动密集型的工序，其产品附加值和技术含量较低。这些处于产业链低端的生产、加工、装配、制造环节，其技术经济特征是对资源的高强度消耗和高密集化使用。长期以来，外资拉动型的制造业在很大程度上限制了企业技术进步和技术创新，在一定程度上抑制了生产性服务业竞争力的提高。具有较大规模和竞争力的生产性服务业企业集团较少，平均规模较小，在组织规模、服务技术、服务质量和管理水平等方面与国际大型跨国公司相比存在很大差距。

6. 生产性服务业和制造业的耦合式发展不是直接的

黑龙江省产业发展相对各自独立，两产业耦合式发展的平台较为欠缺。这样不利于信息的传递和交流，资源得不到共享，耦合式发展关系欠佳。目前存在的所谓第三方中介，难以规范，造成效率偏低，产生不良干预，这个中介不仅无法促进两者耦合式发展，往往出于其他经济利益而使两者耦合式发展关系发生脱节，致使两者发展畸形。

二、黑龙江省生产性服务业与制造业耦合式发展问题的成因

本部分从三个角度全面揭示两者耦合式发展存在问题的成因，主要包括：对黑龙江省生产性服务业问题的成因分析、对制造业问题的成因分析，以及对两者耦合式发展问题的成因分析。

（一）生产性服务业发展存在问题的成因

1. 对生产性服务业的政策扶持力度不足

对生产性服务业的政策扶持需要一套包含市场准入政策、税收优惠政策、投融资政策以及人才引进政策等的完备系统。通过这些政策的支持，不但可以完善生产性服务业的基础设施环境，稳步提高其发展比重和质量，还可以为制造业核心竞争力的加强开辟道路。然而，目前黑龙江省生产性服务业发展的政策支持还没有完全显现，主要有以下原因：

第一，地方保护主义强大。地方保护政策对生产性服务业的发展影响较大。首先，它不利于两个产业实现重组兼并、做大做强，也不利于生产性服务业企业在不同省域、市域以及县域层次上优化资源配置从而获取规模经济效应；其次，制造业国有企业受“小而全、大而全”的计划经济体制影响，往往对生产性服务环节大包大揽，这也限制了它的发展壮大。

第二，政府提供的制度资本有限。在后金融危机时代，科技密集型的生产性服务业对于促进制造业工业技术进步、增强制造业竞争优势以及促进产业结构调整有重大作用。但由于各级政府对其认识程度不够，提供的鼓励生产性服务业与制造业耦合式发展的制度资本明显不足。首先，作为指挥者，政府没有规划好黑龙江省两个产业耦合式发展的宏观战略；其次，作为监督者，规范生产性服务业发展的相关法律法规亟须相关部门加以完善。

第三，政府对生产性服务业发展缺乏规划和支持。2013 年对其的科技经费投入为 136.4 亿元，仅占黑龙江省地区生产总值的 0.92%，而全国平均水平为 1.84%，约是黑龙江省的 2 倍。黑龙江省的生产性服务业仍处于初步阶段，鲜有规模大的龙头企业，大多是在资金、规模、技术和信息资源方面都相对匮乏的中小企业，加之其行业内部缺乏行业准则和自律标准，同时政府也缺乏对其的规划及行业规章制度的制定，导致了此行业缺乏纪律性，增加了交易的风险性。因此，亟须政府制定黑龙江省生产服务业的发展战略和行业准则，以此给予生产性服务企业规划指导，改变现在发展缓慢的现状，促进其快速升级和发展。

2. 对生产性服务业有效需求不足

对生产性服务业有效需求严重缺乏，制造企业的服务外包水平较低。黑龙江省制造业的潜在服务需求巨大，但是尚未构成充足的有效需求。总体上看，制造业的有效需求比重占到了 60% 以上，而从具体的需求层次看，交通运输、批发零售等的需求较多，对高附加值的科技服务、通信技术等因企业类型不同出现较大差异，大企业诉诸北京、上海等中介结构，小企业则对此需求不足。从调查情况来看，制造企业的生产服务类需求基本都在内部自我实现，附营服务部门现象普遍，对独立经营的服务外包企业有效需求严重不足，外包意识弱。同时，承接服务外包的企业数量少、规模小、业务种类、业务能力低、分散缺乏集聚效应，均导致了制造企业对生产性服务业的需求严重不足。

3. 生产性服务业外部环境欠佳

生产性服务业发展的外部制约因素主要有信用体系不健全、行业标准不能适应产业发展需要、法律法规尚不完善、知识产权问题突出、服务企业的税收负担相对较重、企业的运营成本和商务费用偏高，以及产业监管缺失导致的市场自由散漫，缺乏完整体系，这些无益于形成良好的市场竞争秩序。这些因素是黑龙江省在市场经济环境下的突出问题，更是其发展所面临的突出问题，这些问题如不尽快解决，将严重制约生产性服务业的发展，影响其发展质量和服务效率。

4. 区域之间、城乡之间的发展存在不平衡

区域之间的分布情况表现中，以哈尔滨为代表的中心城市，其现代化服务产业的建设已经有了较大发展，但一些边远地区的城市其发展水平还需要进一步的提高。再者，就城乡区别来说，现代化服务产业主要集中于城市地区，而在农村地区尚未有较大的发展，且呈现出了较为明显的二元结构。

5. 开放程度较低

在地区开放程度中，外商的投资主要集中在开发区，其中现代服务业的投资是最为明显的并具有较高的表现水平。首先，房地产业是比较吸引外资的行业，其次，即为服务行业与科技行业。在 2014 年，黑龙江省的外资吸引总额达到了 46 亿美元，较上一年增值达到了 43%，有 49% 的资金用于现代服务业。同时，黑龙江省的外省资金吸纳额达到了 4932 亿元，增长幅度达到了 61%，其中有 59% 的资金用于现代服务业。2016 年，黑龙江实现利用内外资双增长。其中，新设立外商投资企业有 116 家，实际使用外资 58.2 亿美元，增长 6.8%；来自 27 个国家和地区的外商投资企业在黑龙江投资，外资实际到位千万美元以上项目 93 个；涉及全省“十大重点产业”实际利用外资达 46.8 亿美元，占全省实际利用外资总额的 80.43%。引进省外投资项目达 3801 项，增长 2.6%，实际利用省外资金 4473.9 亿元，增长 2.3%；有 30 个省、区、市的企业在黑龙江投资，省外投资实际到位亿元以上项目有 996 个。之所以能够取得这样的成就，离不开自身开发区所建立的外商吸引平台，借助于这一平台，使得整个开发区吸引了众多的企业入驻，实现了资金与科技的引进，进而提高了整体生产总值与市场竞争力。近年来，服务业利用外资保持快速增长态势，其占比不断上升。2015 年我国服务业利用外资金额为 811 亿美元，占 64.3%，同比增长 9.5%；第二产业实际利用外资金额为 436 亿美元，占 34.5%，同比下降 0.8%；第一产业实际利用外资金额为 5.34 亿美元，占 1.2%，同比下降 0.8%。2017 年 1 ~ 11 月，服务业实际使用外资金额为 871.7 亿美元，占 72.7%，同比增长 9%；制造业实际使用外资金额为 307.7 亿美元，占 25.7%，同比下降 4.1%；农、林、牧、渔业实际使用外资金额为 6.8 亿美元，占 0.6%，同比下降 58.3%。制造业和农、林、

牧、渔业利用外资均呈下降趋势。我国利用外资主要集中在东部沿海地区，中西部利用外资存在巨大缺口。据商务部数据，东部地区（包括辽宁）实际使用外资占到80%以上，中部地区（包括黑龙江和吉林）实际使用外资不到8%，西部地区实际使用外资不到6.5%。近年来，随着东部地区产业结构升级和要素成本等的上涨，一部分外资企业向中西部转移，另一部分外资企业则向东南亚和周边其他国家转移。随着"一带一路"倡议和"长江经济带"战略的推进，中西部地区开放水平和利用外资环境将会有明显的改善，并为外资进入创造更好的条件。

（二）制造业耦合式发展存在问题的成因

1. 体制机制不合理

体制和机制的不合理仍是阻碍黑龙江省制造业发展的重要成因。目前，黑龙江省制造企业中国有资本的比例较大，大部分国有企业面临着转型成本高、技术设施落后的窘境，部分龙头企业在行业中的地位逐年下降。随着行业的繁荣、企业经营绩效的提升，使一些国有企业的改革缺乏紧迫感。而私营企业规模小，对加快制造业发展作用不显著。

2. 产业内部关联度低

从制造业内部构成看，产业组织能力低，产业间协作能力较差。专业协作能力差、产业组织能力的欠缺导致制造类企业多是行政区划的产物，各行政区域之间的制造企业缺乏产业合作能力，且产业关联度较低，产品优势未能及时地转化群体性的产业优势，产业聚集效应未能实现这一产业组织程度低下状态所导致的直接恶果是制造业类企业数量众多且规模较小，具备竞争优势的企业严重缺乏，难以形成有带动作用的特大型企业集团。

3. 环境气候因素

受寒冷的气候环境影响导致黑龙江省投融资成本高、资源耗费大，企业经营成本高，加之制造企业一般处于远离市区的偏远位置，使其交通运输难度大、运输成本高。同时，黑龙江省在此种环境下并未形成与其环境特点相适应的人才选聘及培养机制，以及先进的企业文化、合理的工资待遇和福利制度。因此，受多种因素影响，在过去的几年里，受行业不景气、用人机制不合理的影响，一大部分制造业人才流失严重，尤其是技术人才和高级技工的流失更加重了黑龙江省制造企业吸引并留住人才的困境。

（三）两者耦合式发展不佳的成因

第一，相对落后的经济基础限制了两产业的发展。2016 年，黑龙江省地区生产总值为 15386 亿元，列全国第 21 位，占全国 GDP 的 2.53%，黑龙江省规模以上工业企业单位数为 4321 个，占全国的 2% 左右，黑龙江省正处于经济快速发展的时期，但是各项经济指标仍与其他发达省市的差距较大，整体经济基础仍较为薄弱，导致两产业的发展水平相对落后。

第二，生产性服务业缺乏充足资源，严重落后于制造业发展。人力资源方面，2016 年黑龙江省生产性服务业就业人数占总就业人口的 15.94%，比全国平均水平的 17.45% 稍低一些；信息技术资源方面，知识技术密集型增加值比重占到了 25.04%，比全国平均水平的 35.11% 要低很多；整体来讲，黑龙江省生产性服务业增加值仅占全省 GDP 的 22.30%，比全国平均水平的 30.84% 低了 8.5 个百分点。因此由于人才、知识技术等各方面资源的缺乏，使黑龙江省生产性服务业缺乏充足的基础，始终难以实现跨越式增长，长期处于初期水平，加之服务能力欠佳，致使其严重落后于制造业的发展。

第三，制造业对生产性服务业需求不足，制约了后者发展。目前，黑龙江省大部分制造企业仍处于生产性服务内部化实现的模式，耗费成本较高且服务效率偏低。因此，即便制造业内部有较强的服务外包需求，但是尚未构成有效需求，这不仅使企业自身负担较重，也加重了黑龙江省生产性服务企业规模小、费用高、服务能力弱的现状，使其始终无法快速成长起来，进而又无法更好地满足制造业的现有需求，缺乏成长动力，造成两者之间的恶性循环，使两者始终维持在一种低供给、低需求的均衡水平上，这局限了生产性服务业的发展空间，也阻碍了两者的耦合式发展。

第四，两者耦合式发展的环境不佳。首先，黑龙江各个产业均处于各自的成长阶段，较为重视自身的发展，而忽略产业之间、行业之间以及企业之间的耦合式发展，彼此之间的互动较少，产业链衔接不足，产业整合度及聚集度偏低。同时，很大一部分企业由于观念落后，仍处于自给自足、内部消化、自我服务的封闭阶段，不仅致使整体成本较高，而且资源配置效率极低，通过外包服务来提升生产或服务效率和质量的意识较为薄弱。其次，两者的耦合式发展平台的欠缺不利于行业之间或企业之间通过耦合式发展平台，如信息共享平台，实现共同发展的目的。再次，目前黑龙江省市场经济仍存在体制机制不合理、法律法规不健全、交易风险性较高等问题，导致了商业诈骗、合约风险屡禁不止，商业犯罪成本偏低，同时知识、专利、产权等的保护力度不足等，以上的种种市场环境问题均使两产业的耦合式发展缺乏一个健康、稳定、利于良性竞争的环境；最后，两个产业的企业，尤其是中小企业资金缺乏，融资方式单一、融资难度大等问题已经较为凸显，使企业难以扩大规模甚至是维持生计，同时也加重了大多数企业忽视科技发展和自我创新能力培养的现状。以上这些环境因素都在各个层面上制约了两产业的耦合式发展。

第十一章　国外发展生产性服务业的政策措施及启示

一、国内生产性服务业与制造业和谐发展的借鉴

为加快经济增长方式转变，我国各级地方政府积极出台了相关措施，而生产性服务业与制造业实现协同发展则是重要路径。鉴于我国各个省区采取的措施存在较大的差异，随后仅从上海、北京、香港、台湾、广东、江苏等省市进行重点分析。

1. 上海

上海主要通过退出低端制造业、“优二进三”抢跑生产性服务业、战略性新兴产业引领等措施引导生产性服务业与制造业实现协同发展。例如，2025 年提出要退出低端制造业，逐步实施向长三角制造业提供“3 +5”生产性服务业的规划，其中，3 个重点专业性服务业分别为汽车服务、工程装备配套服务与工业信息服务，5 个公共性服务业分别为技术服务、现代物流、工业房地产、工业咨询服务与其他工业服务。在“优二进三”的战略中，积极推进由跨国公司主导、上海制造业企业主导的制造业与生产性服务业融合等两个发展循环体系。通过千亿级工业园区、千亿级产业集群、生产性服务业功能区、创意产业集聚区的同步发展，努力引领战略性新兴产业带动生产性服务业实现协同发展的产业体系。

2. 北京

在 2012 年发布的《北京市“十二五”时期生产性服务业发展规划》中，明确提出以产业融合发展为导向，把推动生产性服务业发展作为产业结构优化的战

略重点，从金融产品与金融工具创新、产业信息化提升、科技服务有效支撑等方面大力推进，加快生产性服务业与现代制造业等其他产业在生产、管理、商务活动等环节的协同发展。为推动生产性服务业的发展，北京出台了诸多鼓励措施，如依据明确产业定位、专业机构推进、政府适度引导等原则，出台了《北京市促进文化创意产业发展的若干政策》以及文化创意产业投资导向目录、产业集聚区认定办法等相关细则，以提升文化创意产业对制造业发展的拉动效应。

3. 香港

香港实施了“前店后厂”式发展战略，专注于生产性服务业的发展和强化与制造业的融合。通过实行低税率的自由贸易政策和投资政策，大力发展转口贸易，进而带动本地运输、仓储、金融、商业、咨询等生产性服务业的发展，由此形成的生产性服务业集聚辐射内地的生产性服务业和服务于内地的制造业转型升级。加强立法并通过构建完善的法律法规体系为生产性服务业的发展提供法律保障，并且对于产业发展主要采取了市场行为，即市场主导加上最小干预与最大支持的政府辅助，并通过政府指导、技术集成、服务对接等方式，积极谋求实现生产性服务业与制造业的协同发展。

4. 台湾

台湾的生产性服务业发展重点主要包括知识密集型的技术服务业和以工业设计服务为主的研发服务业，同时通过“挑战 28——发展重点计划”大力发展生产性服务业。在《服务业发展纲领及行动方案》中，提出全面推动生产性服务业的发展，在重视信息产业发展的基础上扩散至其他生产性产业，为制造业的提升提供支撑。在政府层面，通过制定地方法规、推进产业升级，在促进产业升级、维护市场公平、推动科技发展、扶持中小企业、推动金融自由化等方面，积极推行制度的创新和完善。在行业层面，积极组建产业各种组织，如台湾电机电子工业同业公会通过建立 NGO，积极实施行业自律，在推动劳动密集型工业向技术和资本密集型发展的同时，加大与相关生产性服务业的联系强度。总体上，台湾采取了政府主导与服务对接等措施，在推进自主创新时兼顾产业融合，以谋求经济发展的主动权。

5. 广东

广东从 2008 年开始实施了“双转移”战略，明确提出要承接国内外先进制造业、高新技术产业和现代服务业等高附加值产业，推动珠三角产业升级和广东欠发达区域的经济发展，而在《关于加快经济发展方式转变的若干意见》中也强调了生产性服务业与制造业协同发展对经济发展方式转变的重要性，同时在28年提出了通过补短板、建载体、设资金、创平台等方式重点发展以现代服务业和先进制造业为核心的六大产业促进生产性服务业与制造业的融合发展。广东的各个区域也积极出台了相关措施推进产业协同，如积极实施“服务 + 制造 + 创造”战略，发力打造“广州服务”品牌。与此同时，为稳步推进广州的外向型经济发展，在继续推动港澳台加工贸易企业延伸产业链，强化生产性服务业和先进制造业融合转型升级的同时，通过政策扶持支持加工贸易企业自主创新、技术改造和品牌经营。

6. 江苏

江苏通过抓基地、促集聚、重培养、助提升等方式，以生产性服务业为纽带，以制造业尤其是先进制造业为节点，加快生产性服务业与制造业的协同发展。到2009年已经培育了46个出口产业集群，较大程度地提升了制造业的竞争力，但生产性服务业发展水平一直没有得到稳步的提升，由此江苏的各级政策积极通过相应措施来加快生产性服务业的发展。如无锡市积极通过放宽市场准入门槛，鼓励各种主体以各种方式进入生产性服务业领域，同时采取政府财政优惠等倾斜措施，在提升生产性服务业水平的同时强化与制造业的链接。此外，我国其他地区也出台了加快经济增长方式转变的相应措施，以促进生产性服务业和制造业的融合发展。国务院发布了《关于支持福建省加快建设海峡西岸经济区的若干意见》，提出要建设海峡西岸先进制造业基地，鼓励港澳投资基金来闽开展创业投资业务，吸引港澳创投公司投资或与福建本地公司合作创立风险投资基金，可以看出新型工业化下的先进制造业基地体现在促进制造业与服务业的交叉融合层面。山东2009年提出通过发挥比较优势、推进产业重化、促进转型发展，推进黄河三角洲高效生态经济区内的制造业与生产性服务业开发建设。天津通过“大资本”引进支撑“大产业”培育发展等途径，重庆通过实施“大投资、大支柱、大基地、大企业、大项目”战略，突出地方金融创新，带动转型发展。深圳出台“6 + 1”人才政策，强化高端人才要素支撑，为生产性服务业和制造业融合发展提供智力支持。

二、国外生产性服务业与制造业实现和谐发展的借鉴

1. 国外生产性服务业与制造业实现和谐发展的主要做法

为考察生产性服务业如何与制造业实现协同发展，拟从美国、日本、英国、意大利、韩国、新加坡等国进行分析。但是，上述国家的制造业发展水平要远高于生产性服务业水平，故此可认为促进生产性服务业发展及其集群化发展是实现两者协同发展的重要手段。

（1）美国。制造业是美国经济增长的发动机，而服务业增长主要依靠生产性服务业。但是，美国的制造业近年来对经济的贡献下降较快，出现了相当明显的“产业空洞化”现象。美国为扭转经济发展格局而实施的“再工业化”战略，旨在引导资源由服务业尤其是生产性服务业向制造业转移。如美国总统奥巴马签署的《制造业促进法案》，旨在通过各种措施促使制造业在降低成本、恢复竞争力的同时创造更多的就业岗位，进而实现经济发展的战略收缩。此外，为实现与制造业的有效对接，同时突出高科技产业和信息产业对经济发展的重要性，在高新技术产业区和新兴产业区积极打造生产性服务业集聚区，如在硅谷扶持研发、设计、金融业、中介服务业等生产性服务业。

（2）日本。日本的制造业在1956～1973年逐渐发展为以重化工业为主的产业布局，成为经济增长的重要驱动力，且在1974～1991年实施了从能源、资本密集型向知识、技术密集型转化的产业转型升级。就总体而言，日本的产业升级路径可认为是劳动密集工业、重化工业、高加工度组装工业、技术密集工业与服务业协同主导推进的，即制造业与服务业尤其是生产性服务业互动对接是实现有效转型升级的重要渠道。日本对服务业的扶持政策主要包括完善动态的统计调查系统和相关的政策体系、设立日本服务质量奖和服务研究中心，进而带动集群化发展。

（3）英国。英国在促进生产性服务业发展上，主要采取了解除公司注册方面的壁垒以鼓励兴办企业、开放资本市场，促使企业融资更加容易、政府做好咨

询服务等方面的措施。如政府通过相关法案、白皮书及具体措施、设立重大机构等做法，确保职业教育与培训的顺利实施。英国的生产性服务业产业集群与其主导产业密切相关，如鉴于英国的生物技术企业总数约占欧洲生物技术公司的1/3，因此英国政府围绕生物技术产业形成了多个生产性服务业集群且特色明显，主要包括提供一流的研发服务体系、完善的金融服务体系、配套的专业化服务机构和健全的劳动力与用人机制。

（4）意大利。意大利的经济发展主体为中小企业，由此中小企业如何实现集群是政策的重点导向，进而如何对已经形成的纺织品、皮鞋家具、机械、食品等行业在内的 199 个产业集群实现有效融合与对接是意大利生产性服务业提升竞争力的重要议题。意大利的生产性服务业与制造业分离的趋势较为明显，即制造企业通常负责一般性的生产经营活动，与之相关的生产性服务业则主要交予专业性的服务机构。政府主要从完善金融服务体系、中介服务与教育培训等发展较快、行业协会积极发展作用等方面积极推进生产性服务业的集群发展。如有专门的中小企业银行为中小企业的发展提供信贷支持与低息贷款，同时政府也设立了专项基金用于中小企业的创新与研发支持。

（5）韩国。韩国通过重视研发服务业推进制造业升级、培育信息产业为战略性产业，通过立法规范和鼓励融资租赁服务业发展，以加快生产性服务业的发展进程。韩国生产性服务业推进制造业转型升级的主要经验包括鼓励研发机构的专业化投资，注重以人力资本为载体提升产业技术能力，通过大力发展设计产业提升产业品牌价值，集中有限金融资源支持主导产业优先发展，重视在研发服务活动中发挥政府的引导作用。以 CDMA 的开发与应用为例，该技术是由美国高通公司研发成功的，韩国企业参与的比重较小，但通过政府牵头三星、LG 等公司组成联合研究攻关组并提供财政援助的做法，直接促使了韩国企业的研发比重逐步加大，最后形成了企业主导的研发。

（6）新加坡。新加坡主要通过总部经济建设、制定国家战略推进信息与研发等知识密集型服务业、加快物流中心建设、优化会展业发展环境、提供优惠政策刺激外商创业、重视人力资源培训等措施加快生产性服务业集群发展。如新加坡出台了国家电脑化计划、国家资讯科技计划、资讯科技 2 计划、电子商务培育计划、电子商务主要计划等，以持续稳健地加快知识密集型生产性服务业的发展。服务业尤其是生产性服务业是新加坡经济发展的主导方向，如这两年公布的未来十年计划中，建立具有以高附加值的知识型产业为基础的经济体是国家战略的主要任务。

2. 国外发展生产性服务业的政策措施

在国外，生产性服务业是在“二战”后快速发展起来的，现在美国、日本、德国、英国等发达国家，生产性服务业已经成为经济发展的主要支撑力量。纵观这些发达国家的发展历程，生产性服务业主要有以下六个方面的经验。

（1）成立专门的服务业发展机构，指导生产性服务业发展。由于生产性服务业涉及的门类较多，行业管理较为复杂，发达国家在推动生产性服务业的发展过程中，十分重视专门成立服务业发展或促进机构，从战略高度指导和协调生产性服务业的发展。如美国纽约市政府商务部门分别与能源、资源环保、卫生、教育等相关部门和行业协会的官员组成促委会，着力协调和推动服务业发展。日本东京经济财政咨询会议和金融厅两大政府机构成立了服务业专门研究小组，以协调和解决服务业发展中的重大问题。英国为保持其金融服务业在国际金融市场的竞争力，成立了由20名金融业要员构成的“金融服务业全球竞争力小组”。新加坡为全力推进服务经济的知识化和信息化，专门成立了服务业总体推进机构，及时地监测和解决服务业发展中存在的问题，并通过一系列的产业政策和扶持行为引导和强化生产性服务业发展。

（2）出台系列产业发展政策，优化生产性服务业发展环境与调整生产性服务业科技创新政策。由于金融、信息、物流等生产性服务业都是知识密集型和科技含量较高的行业，因此发达国家普遍重视生产性服务业的科技创新。一是注重服务业科研投入。20世纪90年代以来，美国的金融、咨询、法律等生产性服务业经历了一个以信息技术的研发和应用为主要内容的技术创新和改造浪潮。据统计，美国近20年服务业的研发经费投入的平均增长率是其他行业的2倍。英国政府则大力推行技术预测计划，并通过税收政策鼓励生产性服务企业增加研究开发投入。据英国国家统计局统计数据显示，2002年英国服务业的科研投资总额达到25亿英镑，是当年制造业科研投资增长速度的4倍。二是强化技术创新的政策支持。2002年7月，英国贸工部出台了《投资于创新》的政府战略报告，鲜明地提出要为国家创新能力的提高增加投入。随后政府出台了技术创新发展计划，积极鼓励大学与企业联手开展科技创新活动。

生产性服务业财税政策。为改善生产性服务业发展环境，促进服务企业发展，许多国家都实施了税收优惠、简化手续等政策。2007 年韩国财政部等 21 个相关政府部门制定了新的“增强服务业竞争力综合对策”。该综合对策吸收了以往的成功经验，加大了政策力度。如在改善经营环境方面，着力撤销服务业与制造业的差别待遇，将服务业的土地开发负担金降低到与制造业同等的水平，同时，加大对服务业的税收、融资扶持，包括将服务业临时投资减税期限延长一年并扩大适用范围；降低服务业办公用不动产的交易税；产业银行、企业银行大幅增加对服务业的支援，并逐步为服务业创造信用贷款条件等。新加坡政府服务于国家战略的需要，在金融、跨国营运总部、采购中心等方面也出台了税收优惠、简化审批手续、城市基础设施优先安排等优惠政策。

生产性服务业人才培养和开发政策。发达国家十分重视生产性服务业人才的培养、引进和发展。一是重视服务业人才教育。韩国由各行业主管部门、有关人员及专家共同拟订“服务业人才培养体制完善计划”，设立了各服务领域专科学校，加强“产学服务专门人才联合教育”，并与“服务产业支援中心”共同输送高质量的服务专业人才。二是实施就业培训计划。例如，20 世纪 90 年代英国政府推出了一个为期一年的全日制就业教育培训计划，对象是年龄在 18 ~ 24 岁的高中或大学应届毕业生。政府发放一定数量的培训津贴，培训内容主要是社会需求量比较大或即将产生大量就业机会的工作和工种，并针对 25 岁以上、失业超过两年的人，出资安排他们进入企业进行培训。新加坡则为了解决金融人才紧缺的问题，推出了新加坡金融人员转换方案，目的在于通过对没有金融业工作经验，但想进入这一行工作的人提供金融培训，使他们成为符合金融业能力标准的金融人才。三是引进高端人才。如英国政府建立了“企业家奖学金”，鼓励具有聪明才智的特别是高技术领域的研究生到英国发展自己并开创新型企业。四是着力吸引和留住高素质人才。新加坡着力发展零售、休闲、娱乐等服务业，通过创造优良的生活环境，吸引和留住高素质的专业服务人才。澳大利亚则为吸引和留住专业服务人才，实施了商业和社区振兴运动，着力改进社区服务和生活方式。

（3）推动服务外包与服务贸易发展，带动生产性服务业发展。发达国家生产性服务业的发展在一定程度上取决于服务外包和服务贸易的推动。一方面，许多国家都十分重视服务外包对生产性服务业的促进作用。例如，韩国将服务外包提升到战略高度加以培育，通过建立“外包服务提供商数据库”“外包服务需求企业”等网上检索系统、对外包服务企业实行“国家公认资格证书”制度等推动服务外包发展。另一方面，一些国家通过积极发展服务贸易，带动生产性服务业发展。比较典型的如美国，为了促进和扩大生产性服务贸易出口，专门制定了“服务先行”的出口促进策略，重点促进其具有强大竞争优势的旅游、商务与专业技术服务（包括环保、能源等工业服务）、交通运输、金融保险、教育服务、影视娱乐、电信服务等行业发展。同时，美国十分注重对国际市场的分析和研究，近十几年来为开拓服务贸易新兴市场，美国对新兴市场做了大量的针对性调查，根据不同地区的不同情况采取不同的策略，并通过美国贸易代表办公室的谈判为服务出口公司提供更好的市场准入机会。

（4）推进行业改革与制度建设，促进生产性服务业发展。金融、电信、运输等生产性服务业属于垄断行业，为促进这些生产性服务业发展，发达国家积极采取了放松管制、打破垄断、完善立法等措施。例如，英国政府于 1991 年打破了英国电信公司垄断英国市场的局面。在金融服务业方面，为推动一体化发展，英国 1986 年实施了《金融服务法案》，1997 年成立了金融服务管理局（FSA），2000 年通过了《金融服务与市场法》。同时，英国政府于 1993 年专门成立了 8 个工作小组对法律法规体系进行了梳理，以解决知识密集型生产性服务业发展过程中出现的知识产权和法律法规等问题。在信息服务业方面，美国先后制定了《信息公开法》《版权法规》（1970）、《计算机软件保护法》（1980）、《美国电讯法》（1996）等法律法规，以规范和促进信息服务业发展。

（5）重视对服务企业的咨询与培训，服务生产性服务企业发展。发达国家政府十分重视对企业的服务，包括提供信息咨询、市场调查、贸易展览、专业培训、技术辅导等服务项目，以促进服务企业发展。例如，英国政府非常注重对生产性服务企业的教育和指导。英国政府在每个地区建立了顾问署，作为专门的企业管理和咨询机构。在全国雇用了 1000 多名有公司背景的退休企业家和工程技术人员为高层顾问，负责帮助企业制订发展计划，引导企业改变经营策略。同时，积极开展企业高层培训，由企业自己报名，制订有针对性的培训方案。

（6）积极促进生产性服务业行业协会建设。在促进现代物流业发展方面，美国、日本、德国的物流协会都起到了举足轻重的作用。例如，美国物流协会由个人和公司会员组成，拥有3000多个会员；日本也有物流系统协会（JILS）和日本物流学会；德国的物流协会拥有6000多个会员。这些协会不仅协助政府做好政策制定、物流规划、规范市场竞争秩序，同时还开展物流研究，举办交流活动，指导行业发展，提供信息咨询服务和各种专业培训，为物流业的发展输送了大量人才。

（7）积极发展服务型制造。服务型制造是基于制造的服务和面向服务的制造，是基于生产的产品经济和基于消费的服务经济的融合。是制造与服务相融合的新产业形态，也是一种新的制造模式。传统观念认为，制造就是生产加工。实际上，生产并不等于制造。制造包括生产和服务两部分，制造 = 生产 + 服务。在价值实现方面，服务型制造强调由传统的产品制造为核心，向提供具有丰富服务内涵的产品的服务转变，直至为顾客提供整体解决方案；在作业方式方面，由传统制造模式以产品为核心转向以人为中心，实现个性化生产和服务；在组织模式方面，服务型制造的覆盖范围虽然超越了传统的制造及服务的范畴，但是它并不去追求纵向的一体化，它更关注不同类型主体相互通过价值感知，主动参与到服务型制造网络的协作活动中，在相互的动态协作中自发地形成资源优化配置，涌现出具有动态稳定结构的服务型制造系统；在运作模式方面，服务型制造强调了主动性服务，主动将顾客引进产品制造、应用服务过程，主动发现顾客需求，展开针对性服务。

三、国内外生产性服务业发展成功经验的比较与借鉴

1. 国内外生产性服务业发展成功经验的比较

综观国内外生产性服务业的成功经验，政府引导，政府政策、制定和完善法律法规等方面是国内外生产性服务业成功的共性之处，但国外在科研投入、人力资源开发、行业引导、市场开拓等方面对促进生产性服务业发展力度比我国大。

（1）对象集聚是国外生产性服务业成功的明显特征。一是美国硅谷围绕高

技术产业的生产性服务业集群。硅谷形成于20世纪50年代，作为全球高技术产业发展的发起地，经过几十年的飞速发展，已成为世界信息技术和高新技术产业的中心。二是英国围绕生物技术产业的生产性服务集群。英国生物技术产业占世界市场份额的10%以上，产业涉及制药、农业和食品等领域，拥有270家生物技术中小企业，约占欧洲生物技术公司的1/3。围绕生物技术产业的发展，英国形成了完善的生产性服务业集群，为生物技术产业的快速发展提供了必需的服务支撑。三是意大利围绕中小企业发展的生产性服务集群。意大利重点发展地域行业中小企业集群，服装、家具、食品等以都市工业为主的产业集群达199个。

（2）功能集聚是国内生产性服务成功的明显特征。上海张江、金桥、漕河泾等开发区在制造业大力发展的同时，都出现了向生产性服务业转变、提升的趋势，以开发区为载体、以功能集聚发展起来的生产性服务业成为上海生产性服务业发展的一个显著特征。一是科技研发型生产性服务业功能区。如张江高科技园区、漕河泾开发区。二是物流型生产性服务业功能区。建立与国际水平接轨的物流配送和信息网络体系，加强专业化物流服务。上海已确定包括浦东空港、外高桥、上海化工区等物流园区在内的五个产业园区向物流型生产性服务业功能区转型发展。三是近郊特色专业型生产性服务业功能区。商务成本和区位条件不适宜且大规模发展制造业的近郊工业区，通过园中园建设和功能完善，拓展为生产性服务项目，并进行产业转型和功能提升，发展特色专业型生产性服务业功能区。例如，上海西郊生产性服务业集聚区（前身是江桥工业区），是上海近郊工业区向生产性服务业功能区提升的典型。

2. 国内外生产性服务业成功经验的借鉴之处

（1）政府的引导和支持最重要。目前，在我国，对于发展生产性服务业，要依靠市场自然发展也有困难。政府应该积极干预，而推进的主要方式是建立创业园区，这可以成为一个公共平台，政府经过政策调控、引导等方式创造更好的环境。

（2）完善的政策法规是生产性服务业发展的重要保障。我国市场经济体制发育还不完善，与市场经济相适应的政治、法律、科技等体制尚不健全。为此在生产性服务业发展方面的政策法规也有待制定和完善。

（3）突出“三个结合”，支持生产性服务业的发展。

第一，生产性服务业发展要与科技创新相结合。专业的研发服务以及制造业内部的工业设计都属于生产性服务业，这些生产性服务业的发展离不开科技创新的支持。因此，我国在推动制造业技术创新，提高自主创新能力的同时，要以研发、工业设计等生产性服务业为重点，加快制定和完善科技创新政策，鼓励服务企业加大研发投入，着力提高生产性服务业的科技含量和附加值。

第二，生产性服务业发展要与行业改革相结合。与制造业相比，我国银行、电信、运输等生产性服务业垄断性强、市场化程度低、市场机制不健全，这严重制约了生产性服务业的发展。因此，促进生产性服务业的发展，一方面要突破体制性障碍，调整服务业管制框架及其政策，着力打破地区体制壁垒，促进银行、保险、法律、咨询等生产性服务实现跨地区经营。另一方面，在金融、电信等部门放松管制，积极鼓励民间资本的进入，提高行业中各种所有制的竞争程度。

第三，生产性服务业发展要与政府职能转变相结合。政府在促进生产性服务业发展方面，要积极借鉴英国经验，通过与行业协会建立联合机制，打造为生产性服务企业服务的信息网络平台，提供技术开发、战略咨询、管理培训、营销策划等各种专业咨询和服务，帮助生产性服务企业制定正确的经营策略，帮助企业开拓海外市场。

第四，加强行业协会建设是促进生产性服务业发展的关键。从国际生产性服务业发展经验看，通过组建行业协会的形式加强和完善生产性服务业的市场管理，是促进生产性服务业发展的关键。例如，信息服务业方面，日本的信息处理振兴事业协会（IPA）、信息服务产业协会（JISA）、日本数据处理协会（JDPA）等，既是政府联系企业的桥梁，也对促进信息服务业的发展起到了积极作用。

第五，整合人才资源是生产性服务业持续发展的保证。高素质的人力资本是高质量生产性服务业发展的基础。要促进生产性服务业的发展，必须加大人力资本投资，加强对高素质、高技能人才的培养和引进。一是要加大对教育投入的力度，有计划地在现有高等学校和中等职业学校增设服务业紧缺专业，加快培养服务业所需的各类人才，特别要加快培养社会急需的信息服务、金融、保险、各类中介服务、服务业政策与管理以及熟悉国际服务贸易规则等方面的人才。二是加强服务业人才就业培训。借鉴新加坡的经验，专门针对金融、物流、信息等生产性服务业，制订人才就业培训方案，每年定期培训一批高级能、高知识的专业服务人才。三是积极引进高级生产性服务人才。制订生产性服务业人才引进和利用计划，大力引进高层次、高技能、通晓国际通行规则和熟悉现代管理的高级服务业人才，通过有力的措施来吸引、留住、用好人才，为生产性服务业发展提供智力保障。

第六，需要有政府主导的研发体系。联系制造业和服务业的一个重要领域便是研发。目前，国内社会研发体系不健全是发展生产性服务业的薄弱环节。学院的研究与生产企业脱节，企业也不愿意花资金承担风险去研究一些共性的技术，并且生产类企业间不能充分享受技术和交换人才、信息。建议我国成立以政府为主导的产学研结合的机构，将当前世界科技领域的最新研究成果作为课程，直接为企业培养研发人员。

第七，选择重点产业与优势地域，引导生产性服务业的集群发展。从国外的生产性服务业发展经验来看，信息服务产业优先发展可以带动整个生产性服务业产业结构升级并推动制造业迅速发展；另外，金融保险业发展落后，第三方物流发展水平低，不适合我国经济发展的需要。因此，信息服务业、金融保险业与物流业在未来的一段时期内应该是我国生产性服务业发展的重点。从国内外生产性服务业集群发展情况来看，积极承接国内外生产性服务业转移，引导围绕高技术产业发展的生产性服务业集群，构建产业集群区域服务体系等，也是加快生产性服务业集群发展的重要思路。

第八，加强国际合作，积极参与生产性服务业国际市场竞争。当前，在继制造业的国际转移浪潮之后，以美国为首的西方发达国家又揭开了生产性服务业国际转移的序幕，如何抓住这个有利时机推进我国生产性服务业的发展，关系到我国未来一段时期的经济发展。因此，我国要多方努力，积极参与生产性服务业的国际市场竞争。

第九，鼓励创新，推进生产性服务业的内部结构升级。Lee 指出生产性服务业的知识创新模式主要有以下三种类型：第一种是自发创新，第二种是服务企业与用户在交互中的创新，第三种是针对客户需求的创新。自发的创新源于竞争，要促进自发创新，需要政府在市场准入以及相关立法方面为企业创建一个公平竞争的环境，打破垄断和地方保护主义，坚持资源配置市场化；而后两种创新则要求理顺生产性服务业与制造业的发展关系。

第十二章　黑龙江省发展生产性服务业的思路与政策

一、亟待发展的生产性服务业项目及其发展策略的确定

1. 近期内黑龙江省亟待发展的生产性服务业

根据生产性服务业对经济增长的贡献度，寻求重点行业、重点地区的突破。鉴于服务业门类广、层次多、内容庞杂，既有基础设施，又有流通部门和各种服务行业；既有传统产业，又有现代产业，因此生产性务业发展应该注意当前制造业、经济社会发展急需的生产性服务业，选取有助于发挥本地资源优势的生产性服务行业，以尽快形成本地特色。立足省情，真正找到黑龙江省生产性服务业的优势和薄弱环节，不可盲目地与上海、浙江等地类比。

今后服务业重点发展方向应该是三大类十一大行业。第一类是生产性服务业，即为制造业配套的服务业，重点强调发展现代物流业，信息传输、计算机服务和软件业，科技服务业，金融保险业和商务服务业五大行业；第二类是大力培育关联度大的新兴服务业，其中要重点突出发展信息服务业、大文化产业、旅游业和房地产业这四大行业；第三类是全面提升直接满足群众物质文化需求的传统服务业，其中重点是商贸流通业和居民服务业这两大行业。

（1）大力发展金融业，不断深化金融业改革开放，推动金融业创新发展，提升金融业竞争力。建设现代金融服务体系，推动金融机构创新发展，完善中小企业金融服务体系和农村金融服务体系。建设现代金融市场体系，扩大信贷市

场，建设多层次的资本市场，重点发展期货市场，积极发展保险市场。加强金融人才培养和引进，建设高素质人才队伍。加强金融生态环境建设，完善金融扶持政策，健全法制环境，改善信用环境，加强金融监管与服务，增强了金融服务业对经济发展的拉动和支撑作用。

（2）大力发展旅游业。实施旅游牵动战略，完善旅游基础设施建设，开发精品线路和旅游景区景点，加快产业化步伐，整合现有的旅游资源，实施旅游牵动战略，塑造“黑龙江——中国酷省”旅游总体形象，逐步把旅游业培育成为支柱产业，把黑龙江省建设成为国际滑雪旅游胜地和中国养生度假胜地，将哈尔滨市打造成世界冰雪旅游名都。提高旅游服务质量，建立健全旅游信息服务和公共服务系统，完善自助式旅游服务体系。丰富旅游文化内涵，提升“冰城夏都”文化品位，推进旅游节能环保，实现旅游业可持续发展。

（3）加快发展物流业。积极发展现代物流业整合现有物流资源，统筹规划，突出重点，合理布局，培育发展技术装备和管理水平较高、市场竞争力较强的物流中心和物流企业群，形成快捷高效、经济合理的现代物流服务体系，将黑龙江省建设成为东北亚物流中心。依托优势特色产业和产品以及开发区和交通枢纽，重点构建服务于装备、石化、能源、食品工业等支柱产业的工业物流体系，以农产品、畜牧产品、农业生产资料和农机为重点的涉农物流体系，以连锁配送为重点的商贸物流体系，以及以边境口岸物流为重点的国际物流体系。

（4）大力发展商贸业。鼓励和支持经营业态创新，加快连锁经营、特许经营、物流配送、代理制、电子商务等现代营销方式和组织形式的发展。加强商业网点规划调控，鼓励商业网点向小城镇和农村延伸。鼓励餐饮、住宿、家政服务、再生资源回收、产品维护维修等民生服务业快速发展。支持哈尔滨、牡丹江、绥芬河、东宁和黑河等中心城市和口岸城市启动对俄罗斯轻工产品、农副产品出口加工基地建设，积极建立境外合作和边境互市贸易基地。在哈尔滨、齐齐哈尔等中心城市及沿边口岸城镇建立一批区域性中心市场和一定经营规模的专业批发市场。大力实施品牌战略，积极扶持“中华老字号”和“龙江老字号”发展。弘扬龙江饮食文化，大力挖掘以“绿色、天然、营养、健康”为特征的地方菜点——龙菜，打造龙菜品牌。

（5）大力发展文化创意产业。围绕加快振兴传统文化产业、大力发展新兴文化产业、积极开发历史文化资源，确定重点发展的文化创意产业门类，努力在报业、出版业和发行业、广播和影视业、演艺娱乐业、网络文化产业和动漫产业等领域取得跨越式发展。

（6）大力发展科技服务业。充分发挥科技对服务业发展的支撑和引领作用，鼓励发展专业化的科技研发、技术推广、工业设计和节能服务业；规范发展法律咨询、会计审计、工程咨询、认证认可、信用评估、广告会展等商务服务业；提升改造商贸流通业，推广连锁经营、特许经营等现代经营方式和新型业态。通过发展服务业实现物尽其用、货畅其流、人尽其才，从而降低社会交易成本，提高资源配置效率，加快走上新型工业化发展道路。

（7）积极发展房地产业。目前重点加强宏观调控，调整住房供给结构，提高普通商品住房、经济适用住房和廉租住房的供给比例。规范房地产市场，加强对房地产一级市场的调控，培育房地产的二级市场和三级市场。完善房地产开发融资方式，加强资本金管理。规范发展住房消费信贷和保险。规范物业管理行为，提高市场化程度。优化住宅供给结构，增加经济适用房的供给量，适度扩大房地产开发投资规模，保持房地产开发投资的稳步增长。同时搞好住宅小区的综合开发，增强综合服务功能，满足居民多样化的住房需求。积极拓展个人住房融资渠道，扩大公积金贷款与商业性贷款相结合的组合贷款业务规模，促进住房消费。引入市场竞争机制，推行物业管理项目招投标制，规范物业管理服务的市场行为，促进房地产业的健康持续发展。

（8）发展社区服务业。从黑龙江省的情况看，下岗职工中女性偏多、文化程度偏低、专业技能单一，社区服务对劳动力的年龄和技能结构要求不高，这就为大龄下岗职工再就业提供了条件。要通过增加便民服务项目拓宽就业渠道，如租赁服务业、连锁便利店、社区医疗等；鼓励发展临时工、小时工、弹性工等灵活多样的就业形式，研究和探讨短期就业的新路子；另外，完善对社区就业的管理，使社区服务向社会化、产业化、网络化方向转移，也向更多的就业岗位转移，由此形成了产业链条。

（9）全面发展社会服务业。按照市场化运作、产业化发展、社会化服务的思路，加快社会事业产业化发展步伐。首先要把科技教育放在更加突出的位置优先发展，加大投资力度，鼓励和支持社会各界投资兴办科技教育。通过政府扶持，扩大办学规模，提高办学质量，努力打造出哈尔滨商业大学、齐齐哈尔大学等一批名校和教学科研基地，振兴科教产业，增强发展后劲。其次要加大科技创新和科技开发力度，争取在装备、绿色食品开发研究方面多出成果，通过加快科技成果转化，促进全省现代服务业及其他各行业的发展。

2. 黑龙江省发展服务业策略及应遵循的原则

（1）扩大总量、提升质量原则。针对当前黑龙江省服务业总量仍然偏小的实际情况，坚持量的扩张和质的提升并举，进一步拓展领域，扩大规模；同时，运用先进适用技术改造提升传统服务业，大力发展高附加值的现代服务业，提高服务业总体水平。

（2）产业联动、协调发展原则。顺应产业融合的趋势，充分发挥服务业对第一产业、第二产业的流通融通、智力支持等功能，形成第一产业、第二产业、第三产业相互促进、协调发展的格局。强化三产内部各行业的协调和融合发展，提升综合竞争力。依托制造业、服务制造业形成良性互动发展的两轮驱动发展趋势。

（3）引导关联效应构建产业体系。服务行业的市场目标虽然具有相对独立性，但要注意服务项目之间的产业关联环境的重要性，这对于优化产业基础至关重要。服务业体系涵盖的行业众多，深入到社会、经济、居民生活的各个方面，是一个复杂的多层次体系，体系内部各个要素相互作用，并与体系外部不断地进行沟通、交流和相互影响。现代服务业的发展与所在地的产业结构、市场环境、交通与信息服务、物流条件、政策等很多因素有关。构建服务业体系，必须重视引导关联效应，形成包括服务支撑体系、服务核心体系、服务先导体系的现代服务业体系。

（4）双管齐下。既要改造、提升传统服务业，又要培育发展现代服务业；既要优化提升消费者服务业，又要培育发展生产者服务业。

（5）四力合一。遵循服务业发展的规律，既要强化政府对服务业宏观政策的引导，加大对服务业的投入和扶持力度，也要充分发挥市场机制作用，通过市场竞争提高服务效率，推进服务业的市场化、产业化进程。既要发挥好政府的主导作用，又要充分发挥企业的主体作用，发挥市场配置资源的基础性作用以及行业协会自律作用，坚持政府主导力、企业主体力、市场基础力和协会自律的“四力合一”。

（6）四化带动。以市场化做大现代服务业规模、以国际化提升现代服务业能级、以信息化提高现代服务业水平、以法治化优化现代服务业环境。

（7）借力“外资”发展服务业。服务业的经营活动正日益国际化、网络化和一体化，其对外直接投资成为拓展服务地域范围的重要形式。目前国际服务业转移正加快步伐，已经扩展到信息技术服务、人力资源管理、金融、保险、会计服务、后勤保障、客户服务等多个服务领域。要抓住这一机遇，主动承接国际服务业转移，引进跨国服务机构及其伴随而来的网络、人才、管理、制度等。服务业引进外资，要注重其功能性，服务业引进外资的质量标准：一是功能的稀缺性，引进缺失的服务功能；二是功能的大小，引进服务功能大的项目；三是功能的集聚性，引进能带来其他服务集聚的项目。

（8）分类指导。服务业的发展基础是市场，产业特色则取决于地区的功能。应该建立与区域功能相适应的服务业产业体系，根据各自的资源和禀赋，突出区域优势和特色，同时也可以和周边地区形成错位竞争，以此增强辐射效应。根据各自的地区功能、实际情况和特点形成不同的发展格局，制定发展目标，明确各自的发展重点。充分发挥黑龙江省各区域良好的区位条件、潜在的资源等优势，重点培育一批符合现代服务业发展需要的产业和特色现代服务业发展区，辐射和带动服务业的快速发展和提升。要坚持有所为有所不为，重点抓好信息传输、计算机服务和软件业、金融业、房地产业、商务服务业、商贸和物流业、教育科研、卫生和社会保障业、文化产业、旅游产业九大领域。

二、黑龙江省服务业发展的合理布局

（一）服务业发展的合理布局的原则

1. 服务业与需求相适应

各地市的服务业不能盲目地发展，人们对生产和生活有多少需要，就发展多少服务业。如果某地提供的服务总量大于人们的需求量，就会造成资源的浪费；

反之，如果某地提供的服务总量不能满足人们生产生活的需要，势必会影响人们的日常生活和生产活动，也会阻碍农业和工业的发展。

2. 服务业与其资源禀赋相匹配

各地市的资源禀赋是其服务业发展十分重要的基础。资源包括自然资源、经济资源和社会资源三类。自然资源又包括可用于经济增长的各种矿产资源、土地资源、生物资源、水资源、气候资源、风景资源等；经济资源主要是指劳动力和人口、资本、技术；社会资源是指教育文化程度、基础设施建设水平、法律制度的完善程度等，它们对各地市服务业发展的作用各不相同。

3. 选取与服务业发展水平相适应的布局模式

服务业布局有四种模式。但是，针对黑龙江省的服务业布局问题，我们不能随便拿来一个模式就套用。因为，它是按照服务业的发展阶段来选取的。因此，如果不结合黑龙江省服务业的发展水平来选择布局模式，不但不能促进全省服务业的发展，反而会阻碍其发展。

4. 与农业和工业的发展战略相衔接

服务业是为农业和工业服务的，孤立地发展服务业是没有任何意义的。虽然，产业结构的基本规律是农业和工业所占比重逐渐减少，服务业所占比重逐渐上升。但是这并不意味着发展服务业可以不考虑农业和工业的发展要求。

5. 与可持续发展战略相协调

可持续发展是当今世界最引人瞩目的热点之一。在黑龙江服务业的发展过程中，生态效益一直没有得到足够的重视。例如，为了发展交通运输业和房地产业，不断地侵占绿色用地，造成了不可挽回的后果。虽然，生态问题目前已被提到日程上来，但仍须提高认识并纳入服务业布局的指导思想中来。

（二）影响黑龙江省服务业布局的主要因素

1. 各地市经济发展水平

随着社会的发展，人们的需求结构也将发生变化，而这又拉动着产业结构做相应的改变。在收入水平较低的情况下，人们的主要消费支出是为了解决温饱问题，以维持生命的第一需要，农业在经济中占据主要地位。当人们解决了温饱问题后，消费需求向穿、用转移，在人们的消费支出中，用于饮食的部分在减少，而非食品消费品在上升，人们的消费结构也就进入第二个阶段。在此阶段，第二产业得到了迅速发展。当收入水平再提高时，人们的消费需求转向各种形式的服务产品，对服务产品的需求比重也将逐步增大，服务业开始成为支持区域经济发展的重要力量。因此，黑龙江省各地市目前的经济发展水平对黑龙江省的服务业布局具有举足轻重的影响。

支撑黑龙江省 GDP 的两个主要地市是哈尔滨和大庆。而从最终消费来看，哈尔滨则是一枝独秀。这说明在哈尔滨和大庆以外的地市发展服务业没有良好的购买力做支撑，难以发展服务业。因此，我们在研究服务业布局时就要考虑这种因素，让消费价格高的服务产业尽量布局在哈尔滨和大庆。而从大庆的情况来看，其 GDP 很高，但最终消费却很少，这说明其购买力很强，但是供应的商品却不能满足消费者的需求。因此，在布局大庆服务业时要完善各种服务业，提供充足的服务产品供应，满足消费者的服务需求。而对于其他 GDP 较小的城市，则应该大力发展第二产业，以第二产业的繁荣带动服务业的快速发展。

2. 市场分工水平

根据科斯定理，企业与市场的边界取决于交易费用的大小，随着企业规模的增加，企业内部的交易费用会上升。这时，企业内部的一些部门就会独立出来，如一些研究、广告部门就会独立出来。随着市场的不断扩展，市场分工的水平也在不断地加深，一些产品的生产也越来越多地需要技术、管理、信息等一些专业化技术服务的投入。企业对这些服务的需求在不断地增加，而企业本身又无法提供或者提供的成本太高，一些专门提供这些服务的服务企业就开始出现。因此，分工深化导致对中间服务需求的增加，也促进服务业的进一步发展。所以，分工水平高的区域，其服务业发展相对来说处于优势状态。

黑龙江省哈尔滨的分工水平最高，相对较高的几个城市分别为齐齐哈尔、大庆、佳木斯、牡丹江、绥化。这说明从市场分工的角度考虑，发展服务业最有利的地市是哈尔滨。而齐齐哈尔、大庆、佳木斯、牡丹江、绥化这几个地市相对其他地市来说，也有一定的优势。

3. 资源禀赋

各地市的资源禀赋是各地市服务业增长的十分重要的基础。资源包括自然资源、劳动力资源两类。自然资源是人类社会生存和发展不可缺少的条件，也是区域经济增长的基本条件。三次产业中，虽然因其本身的特性，服务业依赖自然资源的程度最低，但是也会对其发展产生很大的影响。服务业内部有一些产业如旅游与交通运输业等与自然资源的关系十分紧密。而且，从古至今人类的多数社会活动总是先积聚在区域中自然资源较好的地方，服务业往往也是先在这些地区出现，再逐渐向周边地区扩散。

各地市劳动力的数量也会影响各地市的服务业发展。在一定的情况下，从事服务业的劳动者越多，其所生产的服务产品也就越多，服务业发展也就越快。黑龙江省各地市中从事服务业人数最多的地市是哈尔滨，有 1432233 人；从事服务业人数较多的地区是齐齐哈尔、大庆、佳木斯、牡丹江、绥化。因此，从人力资源的方面考虑，在这些地区布局服务业具有相对优势。

4. 城市化水平

区域的一部分产业在宏观上要求组成一个规模适当、结构合理、联系密切的集聚体，才能最大限度地获得集聚经济效益。集聚效应成为推动城市化、城市大型化的一个主要原因。国内外的大量事实证明，城市是服务业发展的主要平台，其服务业的规模和结构取决于城市化水平和城市规模。这主要是由服务业提供的产品特征决定的。服务业提供的是服务产品，它具有不可储存性和生产与消费同时性的特点。服务产品的这些特性决定了服务产品不可能像工业品一样，其生产和消费可以在不同时间、不同地方进行。服务产品的生产和消费要求在同地点进行，这就在客观上决定了服务业的发展必须以城市为依托。另外，服务业的许多产业，例如批发和零售贸易餐饮业，只有在人口必须集中到一定规模时才能盈利，才能作为产业来经营，也才能形成有效的供给并且往往是人口越密集、人口规模越大的地方这些行业越发达。这就是为什么在大城市，金融保险、会计法律和信息服务等现代服务业往往比较发达。除哈尔滨、齐齐哈尔、大庆、佳木斯、牡丹江、绥化有一定的人口作为发展服务业的支撑外，其他地市的人口较少，因此，服务业在这些地市发展相对较难。

三、黑龙江省生产性服务业阶段发展战略目标的构想

（一）黑龙江省生产性服务业发展的总体战略目标

（1）科学发展目标。生产性服务业的增长速度要高于国民经济整体增长速度和其他非生产性服务业的增长速度。生产性服务业要成为提供就业的主要行业、成为产业结构优化的主导行业、成为拉动社会经济增长的重要支柱产业。生产性服务业的市场化、产业化、社会化和国际化水平进一步提高，市场机制在配置资源中的作用也进一步加强。

（2）总体目标。进一步扩大生产性服务业总量，提高服务业在国民经济中的重要地位，优化三次产业结构，使产业结构尽快由“二、三、一”向“三、二、一”型的现代产业结构发展；加速生产性服务业的发展，使之在整个服务业中占据主导地位，最终构建现代化的服务产业体系。

（3）阶段目标。推进服务业加快发展，2018～2025 年，生产性服务业增加值占服务业比重平均每年上升 1.2～1.5 个百分点，力争使生产性服务业增加值的增长速度高于黑龙江省 GDP 2～3 个百分点，到 2017 年，生产性服务业增加值达到 2000 亿元，占 GDP 比重达到 15%～25%；生产性服务业从业人数占全社会从业人数比重平均每年上升 1.2～1.5 个百分点。到 2020 年，黑龙江省生产性服务业增加值达到 6000 亿元；生产性服务业服务增加值占服务业增加值的比重提高到 45%～50%。服务业结构显著优化，就业容量显著增加，公共服务均等化程度显著提高，市场竞争力显著增强，努力形成与黑龙江省新型工业化进程相一致、与先进制造业和现代农业相配套、与城市化进程相协调、与城乡居民需求相适应，机制灵活、开放度高、功能完善的生产性服务业体系。

（4）结构目标。生产性服务业优先发展，消费服务以及公共服务等服务业加快发展。到 2017 年，生产性服务业增加值占全部服务业增加值比重达到 60% 以上，服务外包产值占全省比重达到 45% 左右，形成完整的服务外包产业链，使之成为黑龙江省的支柱型产业。传统服务业的比重要下降，生产性服务业的比

重要上升；商业和现代物流企业要在规模化、专业化上有较大的发展，重点扶持10~15个年销售额20亿~50亿元的大商业企业和物流企业，为提高竞争力和带动其他产业发展打下基础；大力发展金融、保险，房地产，信息咨询等生产性服务业，特别是为黑龙江省优势主导产业服务的服务业发展要放在优先位置，通过增量调整优化结构。

（二）黑龙江省生产性服务业发展的总体战略重点

发展服务业的战略重点，可以从行业、市场、企业等方面来综合考虑。

（1）行业重点：信息传输计算机服务和软件业、商务服务业，大力发展金融、保险，房地产，信息咨询等重点行业，应加大扶植和投资力度，拓展市场，优先快速发展。

（2）市场重点：一是要大力发展新兴的服务业市场，特别是信息交流与咨询市场、技术交易市场、教育培训市场、文化传媒市场、中介服务市场、医疗保健市场等；二是要努力开拓国外的服务业市场，以确立内外结合、以内为主的服务业市场体系。

（3）企业重点：一方面要积极引导和扶植生产性服务业中小型企业向“专、精、特、新”的方向发展；另一方面要大力发展大型的、集约化的服务业企业集团和控股公司，以实现生产型服务业的规模效益和品牌效应。

四、黑龙江省生产性服务业发展的基本思路

确立“市场内生、政府外推”的双主体发展思路，确定并落实“提升总量、优化结构、完善布局”三方面的基本思路，走“升级之路”“转型之路”“外包之路”和“剥离之路”四条道路，四个重点、三个支撑基础促进生产性服务业的不断发展。

1. 确立“市场内生、政府外推”的双主体发展思路

“十二五”时期，推动浙江生产性服务业的大发展，需要在借鉴国际经验的基础上，发挥政府和市场两个方面的作用，加快改革的步伐，完善生产性服务业

发展的法律法规体系。要推进制造业流程再造和资源整合，培育一大批中高端生产性服务供应商，发展新型模式，形成服务业产业链，推进国内外生产性服务业领域的对接与合作，进一步加快浙江在物流、金融、科技、航运、交通、信息等生产性服务业发展，依据区域优势和空间布局的特点，为打造区域服务集群奠定重要基础。

2. 三个基本思路

（1）提升总量。关键在扩大规模、提升速度和增强推动力上下功夫，加快推进以生产性服务业经济为主的发展步伐，使生产性服务业增加值在经济总量中的比重占绝对优势，构筑生产性服务业产业体系。

第一，扩大需求，增加生产性服务业总量规模。一是建设一批生产性服务业基础设施。尽快培育一批生产性服务业发展集聚区，打造现代物流园区、金融集聚区、中央商务区、动漫与创意产业园等生产性服务业园区。二是重点建设一批信息服务基础设施平台。三是打造一批生产性服务业平台。以大企业、大集团为基地打造一批现代物流园区、研发服务园区，培育一批生产性服务业龙头企业。建设一批面向中小企业的社会化、专业化、功能化服务平台，促进制造企业服务化。以项目带动方式启动一批生产性服务业共性服务技术、关键服务业技术开发，为推进生产性服务业外包提供技术支持。

第二，加快速度，确保服务业比重每年持续提高。一是加大对生产性服务业发展的考核力度。把生产性服务业优先发展水平纳入黑龙江省管理部门“一把手”考核的优先位置，研究提出优先发展生产性服务业的考核指标体系。二是大力提高生产性服务业市场化程度。一般性服务企业降低注册资本最低限额，其创新性、示范性强的服务企业在营业场所、投资人资格、业务范围等方面还可进一步放宽条件；简化市场准入秩序，认真清理服务业各项市场准入制度和规定。充分发挥市场配置资源的基础作用，提高企业的经营效率和创新能力，确保生产性服务业增加值占 GDP 比重每年提高 1 个百分点的要求不放松。

第三，增强推动力，促进生产性服务业超常规发展。紧紧依靠资本、技术、知识、人才等优势资源推动，紧紧依靠生产性服务业创新创业推动，实施一批生产性服务业条件建设工程与生产性服务业创业工程。从实施服务业条件建设工程看，建立支持生产性服务业创新创业的专项基金、担保基金、风险投资基金等，鼓励大企业大集团设立生产性服务业创业投资基金。以专项项目基金的形式，鼓励开发一批支持生产性服务业发展的共性技术项目、关键技术项目和配套技术项目。依托哈尔滨商业大学等高校，建立服务业高级人才培训基地，为物流业、金融服务、商务服务、其他知识型服务发展提供人才支撑。从实施生产性服务业创新工程看，研究出台“关于鼓励生产性服务企业自主创新的若干政策建议”，完善生产性服务企业的创新鼓励政策，鼓励生产性服务业企业建设的各类研究开发机构，增加研发投入，生产性服务企业的研发费用可按实际计入管理费用；支持生产性服务企业组建各种形式的战略联盟，在关键服务领域形成具有自主知识产权的核心专利和服务标准。鼓励设计、创意、科技服务等生产性服务业企业、研发机构以及产学研联合体开展技术创新活动，对成果转化项目提供优惠政策支持；对符合科教兴省、市重大产业科技攻关项目要求的服务业领域创新项目，通过专项资金给予支持。

（2）优化结构。把打造高层次“三、二、一”产业结构放在经济结构调整的优先地位，把优化服务业内部结构放在服务业自身结构调整的优先地位。

第一，构筑“三、二、一”高层次产业结构。在各类生产要素配置上要向生产性服务业倾斜，抓大项目，以大项目带动生产性服务业总量提升。对于高增值的、新兴的、具有区域特色的必须重点发展的生产性服务业，扶持政策要充分体现优先原则。

第二，构筑多层次、阶梯形、系统化的生产性服务业内部结构。找准突破点，合理优化生产性服务业的内部结构，大力发展生产型、知识型、外向型、创新型的生产性服务业，积极发展传统服务业的新业态，同时保持发展传统型服务业。

（3）完善布局。重点完善两大布局，即空间布局与要素布局。空间布局上抓服务业发展的集聚度，要素布局上则主抓高级生产型资源要素。

第一，完善空间布局，加强集聚度。建立多核心空间集聚。生产性服务业从城市中心区域向边缘区域扩散，使得城市不只有一个核心，而是多个核心并存。引导对生产性服务业空间和功能进行重构和整合，使得城市空间布局成为生产性服务业整体空间和功能集聚趋势的体现。加快建设服务业集聚区。选择确定一批已有一定基础、符合城市定位且发展前景较好的生产性服务业集聚区，同等条件下优先纳入市服务业重大项目计划，作为市规划布局内集聚区加以重点培育。对功能集聚区的企业用地、用电、用水、用气给予优惠，优先办理农用地转（征）用报批手续，鼓励生产性服务业企业向功能区集聚发展。在境外招商活动中重点推介生产性服务业功能集聚区，搭建中外服务企业之间交流与合作的平台。

第二，完善要素布局，提高支撑力。集聚高端人力资源要素。向国际招聘紧缺人才，搭建海外回国人才从事高端服务业创业的基地，建立与之配套的高端人才创业服务平台。建立公益性人才市场，提高高端人才创业支持标准，建立高端人才服务体系。吸纳金融资本要素。积极搭建投资公司和企业间的交流平台，建立创业投资引导基金，引导风险投资公司投资生产性服务业。广开生产性服务业投融资渠道，鼓励生产性服务企业上市，逐步形成多渠道、多层次、多方位的生产性服务业投融资体系。合理分配资金投向，确保生产性服务业重点发展区域的基础设施适度超前建设。统筹土地资源要素。建立服务业规划导向性土地开发供应计划体系，确保服务业配套用地，保证生产性服务业重点发展区域的开发，鼓励和引导民间投资项目集约用地。

3. 四条发展道路

（1）升级道路：推进服务业自身提升。实现服务业自身的规模和质量升级，从以下两个方面来考虑：一是传统生产性服务业的升级，如物流业通过信息化、规模化，实现规模和质量的提升。二是优先发展知识型、创新型生产性服务业。具体做法包括：设立服务业创新专项基金。开展服务业创新试点企业评估，对于列入创新试点企业的，给予政策支持。服务业创新可以包括商业模式创新、服务内容创新、服务界面创新、服务技术创新等。鼓励企业实行服务业制造化发展。倡导服务企业的专业化、模块化发展，鼓励企业申报服务标准，对服务企业的标准进行知识产权保护，推动服务企业从个性化定制向大规模定制转型。设立专项资金支持服务业支撑平台建设，对于列入重大项目建设平台的，从专项资金中按照比例给予3～5年建设资金扶植。对服务企业的设备投入享受高技术企业技术改造的资金支持，对于服务出口享受出口贴息的支持，对于服务业高层次人才引进享受住房、子女就学、特殊津贴等方面的支持。

（2）转型道路：加快制造服务化发展。制造业服务化包含两种模式：一是业务主题转型模式，大型制造企业逐步转变为提供整体解决方案的服务供应商。

二是价值链转型模式是指制造企业向微笑曲线的两端发展延伸，通过对价值链中研发、设计、制造和服务活动的有机整合，实现价值链升级。具体做法包括：鼓励大中型制造企业向服务业转型。通过对制造业收入和服务业收入采取不同的税收政策，引导大中型制造企业向服务企业转型。鼓励大中型制造企业进入行业关联度大的服务产业，成为本行业品牌、设计、营销网络等关键性服务的供应商，甚至可以将服务的范围拓展到业外，逐步实现产业服务化。鼓励大中型制造企业在价值链分工上向微笑曲线的两端延伸，培育核心竞争力，然后逐步把制造剥离，转移到中小型制造企业，鼓励大中型企业把制造外包，而自身发挥品牌、市场网络和创新设计方面的优势，从实物产品提供者向整体解决方案提供者转型。建立专项引导基金，对大型制造企业的重点服务化项目给予贴息或补助。构建信息共享平台，实现服务与制造环节的“无缝式对接”，形成制造业与服务业的互动交融。

（3）外包道路：发展高层次服务外包。黑龙江省要抓住国际服务业转移这一机遇，主动承接国际服务业转移，以国家批准大庆“中国服务外包基地城市”为契机，大力发展高水平服务外包业务。具体做法包括：培育一批大型接包商，从人才培养、国际市场开拓、研发支持、信息服务等各个环节入手，支持接包企业做大做强。鼓励各类生产性服务企业在产业链上下游之间的合作，培育战略联盟，通过战略合作承接国际高知识含量、高复杂性的服务业务。如软件产业内企业之间要加强合作，从嵌入式软件向应用基础软件延伸，形成软件外包体系。以金融服务外包、软件外包、欧美外包为主，推动企业认证，培育一批具备国际资质的服务外包企业，打响“国际金融服务外包交付中心”品牌。加大财税支持力度，如允许本地制造业企业在购买本地生产型服务时，按照一定的比例抵扣进项税额。建立多元化、多渠道的服务外包投融资机制，如在现有的风险投资体系中，设立专门的服务外包风险投资子体系。尽快建立企业外包人才培养基地，完善人才培训体系。

（4）剥离道路：促进生产性服务专业化发展。根据目前黑龙江省制造企业利润结构和利润空间来看，鼓励大量中小企业把服务剥离是不现实的，因为制造业总体处于产业链底端，利润空间非常有限，如果再把服务剥离出去，企业单靠制造业生产利润是非常有限的。目前比较可行的选择是，让那些在制造业领域已经拥有核心竞争力的企业、高技术领域的大中型制造企业和国有企业内部承担的社会化服务业，把非核心服务业剥离出去，让服务业通过专业化、社会化发展来培育一批新型服务企业。具体做法包括：鼓励制造企业进行合理定位，保留和发展制造业部分的核心价值创造环节，将混合在制造企业中的服务支持活动分离出来，如物流、会计等非核心价值环节，鼓励其让渡给专业的第三方服务业，或内部设立服务业专业公司，大力推进制造业企业主辅业分离。针对政府部门、大中型国有企业承担社会服务的弊端，把政府部门和国有企业中应该社会化的服务剥离出去，形成一批专业化、社会化运作的服务企业。要支持提升现有各类生产性服务企业的专业化、规模化发展水平。通过专业化、规模化运作，降低服务企业的运行成本，产生规模经济效应，帮助被剥离企业降低生产成本和管理成本。通过税收杠杆的调节和政府引导，如明确分离后的税负若高于原税额，高出部分由各地财政对该企业予以扶持补助，鼓励主辅业分离等政策措施。

4. 四个重点

一是重点建设生产性服务业集聚区。加快编制相关发展规划，优化空间布局结构，采取优惠扶持措施，加快建设文化创意集聚区、商贸服务集聚区、金融服务集聚区、旅游休闲功能区、物流功能区、生产性服务功能区，把各类服务业集聚区打造成特色鲜明、功能完备、错位发展的产业集群。

二是重点培育生产性服务业龙头企业。积极培育发展具有国际竞争力的生产性服务业大企业集团，引领带动众多的中小企业加速壮大，以楼宇经济为载体培育若干新兴服务机构聚集的专业楼群，壮大总部经济支撑，努力引进一批国内外知名的龙头服务业。

三是重点打造生产性服务业品牌。加强黑龙江省服务业品牌建设，建立促进服务业品牌工作机制，完善服务业品牌认定办法，对起到巨大带动示范作用的品牌进行评比并给予奖励，支持品牌企业进入资本市场。

四是重点加强区域服务业合作。与吉林、辽宁、浙江、山东、上海、北京等省市的合作以及与俄罗斯、韩国等边境国家的合作等。

5. 三个支撑基础

第一，打造总部经济，构筑服务业业态基础。总部经济是知识型服务业的重要服务对象，可以促使城市服务业加速向生产化方向发展。企业总部在中心城市聚集，必然带动相关服务业，特别是生产性服务业的发展，形成为企业总部服务的知识型服务业产业链，包括由通信、网络、传媒、咨询等组成的信息服务业，由银行、证券、信托、保险、基金、租赁等组成的金融服务业，由会计、审计、评估、法律服务等中介服务业，由教育培训、会议展览、国际商务、现代物流业等组成的生产性服务业等。加快打造总部经济基础，要统一规划。在总体规划里要构筑吸引公司地区总部入驻的战略框架，实施分阶段、抓重点、逐步推进的策略，避免资源浪费。同时辅之以一定的优惠政策，吸引公司总部进入，给予在投资领域、外销比例、投资服务、税收等方面提供更多的优惠。

第二，创新商业模式，构筑服务业运行基础。全力扶持服务业商业模式创新，从根本上改变黑龙江省服务业业态和服务方式较老的弊端，是实现服务业优先发展战略的重要基础。为此，要利用政府种子资金扶持新的服务业商业模式发展，引导建立“投资基金”，并由专业团队进行经营，培育新的商业模式。通过发展文化创意、软件、信息服务业来推进商业模式创新。扶持培育、鼓励发展各种新型的有形市场和无形市场相结合的高效的商业运作模式。

第三，构建生产性服务业集聚发展的载体。产业集聚具有规模效益、降低成本、促进创新等一系列集聚效应。生产性服务业集聚区是生产性服务业集聚发展的重要载体。更多具有协同效应和学习效应的生产性服务企业在一定区域集聚，由此带来规模经济和高效创新，这是服务业空间组织结构发展的必然趋势。应围绕区域性现代商贸物流基地、先进制造业基地、特色农业基地和信息交流中心，着力打造中央商务区、现代物流园区、科技创业园区、创意产业园区、软件园区、产品交易市场等多形态的现代生产性服务业集聚区。通过规划布局、政策引导和必要的财政支持等形式，优化土地、基础设施、政策措施、人才、资金等各类资源的配置，引导和支持生产性服务业知名企业的区域性集聚。

五、黑龙江省发展生产性服务业具体对策

建立“四位一体”的发展模式。市场运作：充分利用市场供求规律，引进市场竞争机制；政府推动：政策扶持，优化环境、促进投资主体多元化、扶持企

业发展品牌、整合服务资源，立足于自身优势加强区域间合作，特别要加强与吉林、辽宁合作等；企业配合：以一定时期政府的政策导向为依据，以长期发展和竞争力提高为战略目标；行业协会自律。

（一）切实加强组织领导和协调工作

为促进黑龙江省生产性服务业发展，市上成立了促进生产性服务业发展工作领导小组，办公室设在市工信委，并在市工信委设立生产性服务业推进科。各部门要高度重视生产性服务业的发展，把加快发展生产性服务业列入重要议事日程，加强对生产性服务业的调查研究，根据工业化、城市化进程和生产性服务业发展的实际，加强组织协调，有针对性地研究解决生产性服务业发展中的重大问题，引导生产性服务业向工业集聚区和城市集中，进而提高黑龙江省生产性服务业的产业集聚效应和辐射带动能力。

（二）营造有利于生产性服务业发展的外部环境

1. 市场准入政策

第一，坚持"非禁即入"的原则。除国家法律法规明令禁止的外，各类资本均可进入生产性服务业领域。凡是符合国家法律法规和产业政策的生产性服务业项目均予以支持。积极引导、鼓励国内外投资者在黑龙江省设立生产性服务业企业和分支机构，独资或与市内企业联合创办生产性服务业企业。

第二，凡来黑龙江省投资创办生产性服务业企业的，注册资本均按法定最低注册标准执行。除国家法律、法规或者国务院规定的企业登记前置审批外，其他一切审批项目均不得作为生产性服务业企业登记的前置审批项目。

第三，生产性服务业企业在办理年度检验和工商登记事项时，依法从快从简办理，凡是新设立的符合产业导向目录，且不涉及前置审批项目基本建设申报程序的生产性服务业企业，由工商部门直接注册登记，对于提交材料齐全，且符合法定程序的，在3个工作日内办理完毕。对明确前置审批条件的，各相关部门要在5个工作日内办理完毕（消防设计审核及工程验收等另有规定的行政许可除外）。

2. 财税政策

第一，加大财政支持力度。市上每年安排的服务业发展引导资金中，其中30%的资金用于生产性服务业项目的培育和发展。

第二，支持工业企业实施第二、第三产业分离，鼓励分离后的服务业企业为社会服务，其所购置的固定资产符合技术进步，产品更新换代较快的，经税务部门审核，可以加速折旧。

第三，对新引进的国内外著名企业的企业总部、研发设计中心和市内新设立的生产性服务业企业，纳税确实有困难的，按照管理权限报经批准后，可酌情减免相关税费。

第四，引进国家级科研机构、国内外重点高校、世界500强企业的具有高级技术职称或博士学位等高层次服务业人才，所支付的科研启动经费，符合企业研究开发费用税前扣除标准的，经税务机关审核，在计算企业所得税时按照有关规定处理。

第五，鼓励和支持产学研联合研究开发生产性服务业共性和关键技术，以及对符合条件的研发、设计、网络技术、创意、服务外包、软件开发、现代物流、知识产权服务、电子商务、影视制作、艺术创作和为节能减排提供专业化服务等高技术含量的生产性服务业企业，经认定，可按规定享受高新技术企业优惠政策。

第六，严格执行国家行政事业性收费项目目录，凡未列入国家行政事业性收费目录的项目一律不得收费（含各类保证金）。严格执行规定的涉企收费范围和标准，凡是收费标准有上下限幅度规定的，一律按下限额度收取。严禁擅自立项、扩大收费范围和提高收费标准。对新设立的生产性服务业企业，在建设生产性服务业设施时，其行政事业性收费可给予减免。

第七，在黑龙江省投资建设生产性服务业的企业，如符合国家税收政策的，可享受国家和省、市出台的现行有关税收优惠政策。

第八，在国债贴息资金项目申报中优先推荐有发展潜力的现代物流、科技信息、创意服务等项目。在技改贴息项目的申报中适当向生产性服务业项目倾斜，重点扶持物流信息平台建设和现代物流企业技术改造，加快培育大型物流企业。

3. 信贷政策

第一，加强对金融机构支持服务业发展的考核，将生产性服务业贷款比例作为金融机构年度考评的重要依据，激励引导金融机构逐步增加对生产性服务业的贷款规模，加大对符合条件的生产性服务业企业的授信额度。鼓励股权投资机构、创业投资企业及合格的信用担保机构面向生产性服务业企业开展业务。

第二，生产性服务业列为政府服务业引导资金支持的重点，引导银行信贷资金和民间资本投向生产性服务业。

第三，支持各类担保机构做大做强，鼓励利用民间资本组建商业性担保机构或会员制互保机构。加强担保机构与金融机构的业务合作，增强担保能力，扩大对生产性服务业的担保面和担保量。

第四，各相关部门要加强与金融机构的沟通，积极推荐生产性服务业项目。各类金融机构要从资金上积极支持生产性服务业发展，在独立审贷的基础上，对符合当年生产性服务业产业导向目录，被列为重点生产性服务业项目的，优先安排贷款资金，优惠贷款利率。鼓励符合条件的生产性服务业企业进入资本市场，通过股票上市、企业债券、项目融资、产权置换等方式筹措资金，加大资产重组力度，盘活资产存量，增强生产性服务业企业的自主发展能力。

4. 土地政策

第一，在编制和实施土地供应计划时，要合理安排供地结构，适当增加生产性服务业用地比例，尤其要向金融业、现代物流业、信息服务业、科技服务业、商务服务业、创意产业和职业培训等生产性服务业行业倾斜。同时，对符合国家法律法规和政策规定的生产性服务业项目用地，可以采取灵活多样的方式供应土地。对属于依法应当出让的土地，可以适当地缩短出让年限，也可以采取租赁方式供应，降低服务业发展的投入成本。

第二，鼓励盘活利用存量土地和工业厂房、仓储用房等发展生产性服务业项目。对利用存量土地建设的生产性服务业项目，在符合土地利用总体规划和城市规划的前提下，优先办理建设用地供地手续。

第三，对新产品研发、工业设计、商务服务等生产性服务业项目用地，实行与工业项目用地同等的供地方式。生产性服务业企业的有形场所因城市建设需要依法拆迁时，严格按国家有关规定进行补偿。

（三）发挥市场和政府的双重作用，提高生产性服务业产业集群的竞争优势

市场和政府的作用应该加以改善，市场在生产性服务业集群发展方面应起到主要的促进作用，而政府则主要起政策引导、资金扶持等作用，通过一系列的积极措施，引导投资向重点的现代生产性服务业集群内，并应构建良好的产业发展环境，推动现代生产性服务业集群的良性发展，同时利用市场完善资源配置，实现资源共享，充分发挥市场的调节作用。

各地区把握建设黑龙江省的机遇，整合基础设施、科技人才、未利用资源要素，规划一批功能完备的服务业集群，发挥比较优势，发展配套产业，吸引国内外资本、技术，形成服务业相互协调配套、结构合理的新兴经济区域。

（1）提供基本的制度框架。以科学发展观为指导，按照新体制、高科技、民营化、外向型的方向，依托现有基础，着眼未来发展，制定合理可行的关键性政策制度方针，走出一条主导产业集群化、经济结构合理化、增长方式集约化的特色生产性服务业发展道路。坚持以高新技术产业为引领、以传统产业为依托，在培育壮大优势传统产业的同时，大力发展高新技术服务产业，通过高新技术改造提升服务产业，推动产业结构优化升级，坚持立足当前，着眼长远。充分依托现有的产业基础，着眼未来发展趋势，突出产业的生命力和发展潜力，发展具有战略性、前瞻性和影响全局的重点产业。坚持产业关联，协调发展。按照循环经济和生态工业理念，延伸产业链条，促进相互协作，降低产业成本，实现产业间的互动互促。

（2）建立融资与风险投资综合体系。扩大对外开放，提高生产性服务业外向度。

提高招商引资水平，提高融资效率。充分利用资源、市场、土地、载体等生产要素，推动风险投资发展。搞好产业策划，做好投资机会研究，开展风险投资工作。深入重点金融企业、进行集中攻关，积极引进战略投资者。扩大对外经贸合作。打通与俄罗斯、日本、韩国、中东等国家和地区之间的国际投融资通道。成立专门机构，加强规划实施监督，推进风险投资体系建设。结合国家有关行业规划和产业政策，确定该产业的发展规划和思路。以本规划为指导，在深入调查

研究的基础上，编制本地区的产业发展规划，制订具体实施方案。培育专业批发市场。合理优化各地区的总体布局，拓展和提升区域功能，着力塑造新城区的魅力、品牌和知名度，以城市建设为依托，以高新技术产业为导向，加快城市功能设施建设，提高综合配套能力，实现产业园区化发展，全面提升高新区在区域经济发展中的核心地位，建设高科技现代化城市示范区。

（四）建立一套完善的生产性服务业集群激励机制，培育大企业集团

生产性服务业集群的发展需要一批实力强的企业作为主导力量，这些企业不仅能创造大部分的价值，在很大程度上还支撑着整个集群的发展，吸引周边小企业集聚的集群区位内，因此，实力强的企业实际上扮演着现代生产性服务业集群的支柱和品牌作用。引导制造业向城市周边集中布局，依托制造业集聚扩大生产性服务业的有效需求，形成支撑产业发展的规模经济效应和范围经济效应。按照集聚发展、强化辐射的要求，考虑城市建设、交通、居住、环境以及社会经济发展趋势等因素，科学合理地区分生产性服务业功能区域。同时，要立足现有的发展基础，着力抓好符合经济发展方向的现代物流、金融、服务外包、商务服务、科技服务等行业的发展。要加快构建与区域经济发展和综合运输体系相适应的现代物流网络体系。大力实施金融带动战略，全面增强金融支撑能力。要超常发展服务外包产业，打造各具特色的服务外包集聚区，积极促进商务服务业集聚发展，培育发展各类商务区，积极发展中介服务业。大力强化发展科技服务业，形成功能社会化、服务产业化、手段现代化的科技服务体系。

由于生产性服务业集群的相关企业基本从事相同的产品供应，因此，存在小企业向实力强的企业进行学习的普遍现象，大企业的自主创新意识会因此受到打压，所以政府应该考虑对应的措施，留住实力强的企业，这些措施应区别企业实力，只针对大企业，为他们提供额外的优惠扶持，使其产生优越感，增强其地方根植性。重点可以考虑以下几个方面：培育壮大产业集群主要指产业初步发展，符合高新区发展需求，潜力较大，通过培育壮大能够发展成为黑龙江省区经济增长新亮点的新兴产业，包括知识型服务业、新能源和生物 3 个产业。知识型服务业：以数字娱乐、数据处理、专业行业应用软件、文化创意、金融、咨询服务、

法律服务、会计服务、形象策划等为重点，推进建设国家服务外包基地，东北特色文化创意中心、东北金融服务枢纽。软件开发及应用。发展数据加工，图文处理，计算机及网络产品，数字设备及嵌入式系统等。同时，发展石油、石化、医疗卫生、物流等行业应用软件等。信息服务。重点发展客服中心、呼叫中心、灾备中心、数据录入、数据处理中心、数据库服务、咨询服务、法律服务、会计服务、培训等。文化创意。发展数字传媒、动漫设计与制作、文化贸易、影视制作、演艺等。金融。发展银行、保险、担保、证券、金融后台服务、财务结算、产业基金等。

（五）加强生产性服务业与其他产业的融合发展

加快生产性服务业的发展必须提高三次产业自身的竞争力，深化产业链分工，不断加强产业之间的互动，增强产业之间的关联。一是加快服务外包行业的发展，深化专业分工。通过引导和推动企业进行管理创新和业务流程再造，将一些非核心的生产性服务环节转变为外部化的专业服务，以核心竞争优势整合企业的服务供给能力，实行专业化经营，深化发展产业链上的专业化分工体系。二是加快信息技术服务业的发展。在企业内部，将信息技术用于企业生产的各个环节，加强部门之间的交流合作。在企业之间，通过建立信息共享平台推动上下游企业之间的合作。三是将生产性服务业引入三次产业的生产过程，着力提高产品的附加值。从产品生产的研究设计、市场调研到物流运输、营销策划，都通过生产性服务业的参与来提升产业竞争力，加速产业升级。

（六）增强生产性服务业自主创新能力

生产性服务业的自主创新能力决定生产性服务业规模的扩张和绩效的提高，直接影响生产性服务业的核心竞争力。应加快建立以企业为主体的技术创新体系，提高生产性服务业的技术含量。一是用信息化改造传统生产性服务业，加快服务业电子化、自动化进程，不断扩大信息技术在生产性服务业领域的应用。二是建立健全技术创新机制，鼓励生产性服务业企业建设各类研究开发机构和增加科技投入，使企业成为研究开发投入的主体。三是在生产性服务业集聚区的基础上建立科技创新平台，形成具有较强创新能力的科技创新网络。借助高校及科研机构的人力优势及研发能力，形成政府支持、产学研一体化的创新体系，培育和发展科技服务中心、创业孵化器、信息服务机构、科技融资机构、科技评估中心、知识产权事务中心、技术产权交易中心、公共科技信息平台等科技创新中介服务机构。

（七）加快生产性服务业人才队伍建设

生产性服务业的发展不仅需要层次较高的研究型人才，也需要大量懂技术、会操作的实用型人才。加快引进和培养黑龙江省生产性服务业发展急需的信息咨询、电子商务、金融保险、现代物流、科学研究、研发、中介服务等行业的人才，重点引进一批起到领军作用的技术人才和管理人才。通过规划引导、政策扶持、资金投入等方式，推动自治区内高校加快生产性服务业人才培育，同时加快建立多层次的生产性服务业人才培训体系，加强职业培训，建立生产性服务业职业资格标准体系，提高整个行业人才队伍的专业水平和整体素质。大力发展职业教育，进一步树立职业教育必须面向市场的理念，坚持以就业为导向，有计划地增设现代服务业紧缺的专业，建立新的机制和办学模式，加强岗位职业培训。同时，探索由政府部门、高职院校和中小企业三方合作的“实训基地”建设，建立院校与企事业单位合作进行人才培育的机制，实行“订单”式的人才教育与培养模式，加快培养一大批高层次、高技能的专业人才，并为生产性服务业与制造业的联动发展提供强有力的人才支撑。

（八）实施品牌服务战略，提升竞争力

要加快培育服务业品牌和龙头企业，实行典型引路，以点带面。大力实施品牌战略，有计划、有组织地大力宣传生产性服务业重点企业和产品，对取得服务业名牌称号的企业加大政策奖励和支持，不断地放大品牌效应。要围绕优势行业，选择有发展潜力、管理理念新、规模和业绩排名靠前的生产性服务企业给予必要的政策扶持，不断增强其核心竞争力。围绕重点发展的行业，继续加大重点项目的推进和扶持。在现代物流、研发设计、商务会展等领域，培育一批富有河北特色和国际竞争力的生产性服务业知名品牌，力争使黑龙江省生产性服务业在某些领域实现质的突破。

（九）积极引导和推进企业流程改造，协调发展构建生产性服务业

支持和引导制造类企业进行大规模的专业化改组和改造，大力发展生产性服务和生产性服务业。推进企业改革改制，推进企业流程再造，剥离生产性服务，使其市场化、社会化，以此降低运营成本。积极引导企业创新再造：一是细化企业内部分工，推进生产服务系统和生产制造系统的分离，强化研发、设计、营销等环节，增加生产性服务的内部供给。二是将企业内部分工转化为外部分工，推进研发、设计、营销、物流和售后服务等环节的外部化发展和专业化发展，提供外包服务，增加生产性服务的外部供给。三是发展生产性服务的需求，将研发、设计、物流等环节分离出来，并外包出去，提高企业专业化程度和运作效率，扩大对生产性服务的需求。

（十）构筑生产性服务业和制造业互动发展长效机制

一是加强产业关联，促进生产性服务业与制造业的融合互动发展。依托制造业拓展生产性服务业，通过对制造业收入和生产性服务收入采取不同的税收政策，鼓励大中型制造企业向服务企业转型，引导企业在价值链分工上向“微笑曲线”的两端延伸，通过管理创新和业务流程再造，实行“主辅分离”。大力提升服务外包层次水平，鼓励引进国内外知名生产性服务企业，跨国公司设立地区总部、服务中心、分支机构、研发中心、采购培训基地等。鼓励各类生产性服务企业在产业链上下游之间的合作，如软件产业内企业间要加强合作，从嵌入式软件向应用基础软件延伸，形成软件外包体系。建立支持生产性服务企业“走出去”的服务平台，扩大具有比较优势的服务贸易规模。二是结合城市和产业发展战略，突出生产性服务业发展重点与特色。一方面应将生产性服务业作为新的经济增长点和结构调整的战略重点，大力发展金融服务、现代物流、信息服务、科技服务以及商务服务等相关领域的互利合作，推动包括制造业在内的各产业经济发展。另一方面应将生产性服务业发展与产业战略调整相协调，尤其是与制造业等传统产业的升级方向相一致，围绕以制造业为主的传统产业的需求，构建一批针对战略主导产业的有特色的生产性服务业，突出生产性服务业在技术进步、节能降耗、信息集成等关键环节的服务效应，使生产性服务业成为助推战略性主导产

业发展和加快新型工业化体系建设的有力手段。三是在经济转型与发展的过程中，要通过生产性服务业的创新发展，加强服务业、制造业的产业协作与联盟，形成利益共同体，共同规划产业链，实现产业知识的交流与互动，把专门的知识转变为高效的生产力，以提高创新与竞争能力，推动制造业转型升级，可设立生产性服务业创新专项基金，开展生产性服务业创新试点企业评估，对于列入创新试点企业的给予政策支持。

第十三章　黑龙江省生产性服务业与制造业耦合式发展对策建议

供给侧结构性改革落实在黑龙江省制造业：以增量扩张带动结构调整，积极发展高端装备制造业。进一步提高“黑龙江制造”的竞争力和影响力。支持重点装备制造企业，大力推动技术创新、产品创新，促进装备制造业高端化，重点发展电力装备、航空航天装备、轨道交通装备、高档数控机床和机器人、汽车、农机装备、海洋装备等产业。加快发展资源精深加工。发展食品工业和玉米精深加工业，要突出发展适应消费升级的高端乳制品、畜产品和食品制造。发展石化、煤化工产业，延伸发展精细化工，矿产精深加工，要推动矿产资源开发和精深加工一体化发展，打造高端石墨和钼产业，形成石墨新材料产业集群和钼产业集群，延长矿产资源精深加工产业链。用好境外木材资源，加快发展林木精深加工。培育发展战略性新兴产业。加快新一代信息技术与制造业深度融合，积极推进智能制造，支持企业开展关键核心技术研发和瞄准国际同行业标杆推进技术改造，促进生产方式向柔性、智能、精细转变。加快新产品、新技术研发应用，突破工程化、产业化瓶颈。

供给侧结构性改革落实在黑龙江省生产性服务业上是以新兴业态带动结构调整，促进生活性服务业向精细高品质转变。大力发展特色旅游业，不断拓展境内外旅游市场。加快发展健康养老服务业，提高社会化产业化水平。推动传统商贸服务业转型升级，加快大型批发市场、农资配送中心等流通体系建设。促进电子商务等新型业态发展。推动生产性服务业向价值链高端延伸。优化金融生态环境，发展金融组织，创新金融服务产品，着力加强对中小微企业的金融服务。积极发展现代运输方式，布局建设现代物流、邮政等基础设施，构建社会化、专业化、信息化现代物流体系。加快发展研发设计、融资租赁、商务咨询、服务外包等生产性服务业。

一、黑龙江省生产性服务业与制造业耦合式发展的模式

从生产性服务业与制造业的耦合式发展内涵分析中可以看到，生产性服务业与制造业之间是一种双向的耦合式发展关系，一者发展对另一者的进步均有着重要的影响和推动作用，因此，要想发展生产性服务业与制造业，进而促进经济的快速发展和结构升级，就要全面重视两者的共同发展，不可顾此失彼。目前，黑龙江省生产性服务业发展缓慢，没有形成两者耦合式发展的最佳模式。为了加快黑龙江省生产性服务业与制造业的耦合式发展，应当从以下几点入手。

1. 注重创新模式的转变

在知识经济时代的今天，各国都在加快科技创新的步伐，努力抢占科学发展的先机。因此要发展经济，转变经济增长方式，需要加大制造业的科技投入，加快制造业技术人才的培养，加速产学研相结合，提高自主创新能力。总体来看，黑龙江省知识型服务业的发展水平处于较低的水平，对制造业的支持力度也是无法与其他行业相比的，这严重制约了黑龙江省制造业的产业升级，也阻碍了两者之间的有效融合与耦合式发展。

黑龙江省在制造业方面，企业应全面重视自主创新能力的培养，将其纳入企业战略规划。通过采取技术入股的激励机制，来鼓励企业员工发挥其技术才能，进而达到提高企业创新能力的目的。引导企业向国际标准接轨，重视专利、商标以及品牌的培养，以技术创新为突破口、以技术改造为核心、以技术引进为重点，加强与高等院校和科研院所的交流与合作，全面提升制造业总体技术水平和自我创新能力。

黑龙江省在生产性服务业方面，应采用模块化的思路，创新专业化服务方式，努力完善各方面功能。创新技能培训体系，努力突破现有的生产性服务业人才培育体系，充分利用外部的优秀人才资源集合有价值的成果，产生更好的构

想。政府要加大对科学技术、教育服务等方面的资金投入与支持，鼓励生产性服务企业建立自己的科研机构和实验室，并给予相应企业一些政策上的优惠，鼓励企业进行自主创新研发科技含量高的产品以改变省内生产性服务业产品技术含量低的现状。

2. 打造功能式群群模式

要全力构建功能式群群模式，使产业链持续升级，形成更为集聚化的生产性服务业群。这一服务群能够提供更高质量、更多种类和更专业化的服务，进一步提高了两个产业的竞争优势。由于该模式是在制造业产业集群的价值链中的某一个环节或几个环节的专业化升级而逐渐剥离形成的生产性服务群体，因此具有较强的产业集群竞争优势，此种优势可以使具有关联性的企业共享技术、人才、信息等要素，促进互补企业之间形成共生效应，减少交易费用，实现外部经济性和规模效应的双重效益，推动制造业产业链的良性衍生、企业服务外部化，进而衍生相关的生产性服务业，推动黑龙江省两产业功能式群群模式的形成，并在企业生产价值链中各个服务环节上构造专业化的、特有的生产性服务业功能群，如图 13－1 所示。

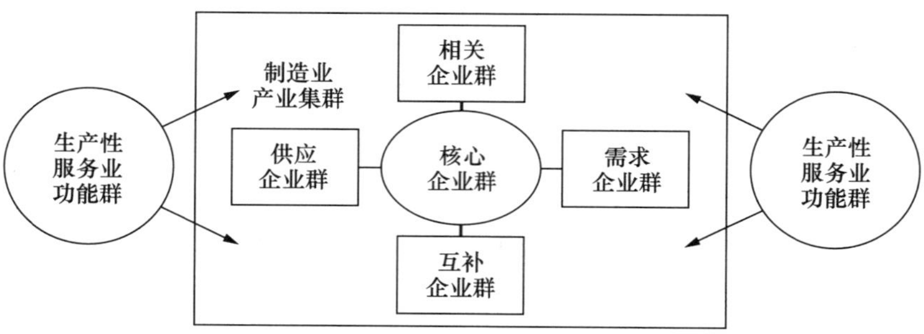

图 13－1　功能式群群模式

此外，生产性服务业具有集聚性特性，使得它对城市化水平和制造业的集聚水平也有了较高要求。对于一些针对行业的专业化的生产性服务业，只有相关制造业行业集聚到一定程度上所产生的服务需求才能支撑其发展。黑龙江省具有经济开发区、工业园区，但是相关产业的集聚特征的产业集群并不是很显著的，这对于生产性服务业的发展也具有一定的影响。提升产业的集聚特性，打造功能式群群模式才会更加意识到生产性服务业的重要作用，为加快适应这一需求而促进其快速发展。

3. 促成一体化群群耦合式发展模式

同时还要推动生产性服务业群和制造业群的一体化进程，利用集群的外延效应和辐射作用，构造一体的集群模式，可以促使生产性服务业为制造业提供更为专业、更符合其发展需求的服务，同时通过正反反馈作用，又能进一步促进生产性服务业的梯度发展，如图 13－2 所示。

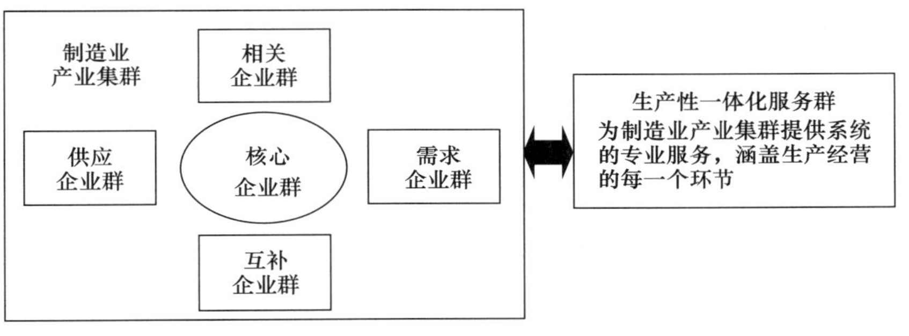

图 13－2　一体化群群耦合式发展模式

目前，黑龙江省生产性服务业发展落后，两个产业之间基本上是点对点或点对群模式，没有形成两者耦合式发展的一体化群模式，这在很大程度上限制了资源合理化利用。随着黑龙江省生产性服务业从单一发展到区域集群、功能集群和一体化集群，两产业的耦合式发展模式也应该从单单式演进到单群式或群群式。一体化群群模式可以有效地达成知识技术共享和外溢效应，为制造业的产业链量身定制相应的服务群，也为产业链的上中下游提供相应的服务，如产品研发、原材料采购、信息咨询、金融保险、售后服务等配套服务的系统定制服务群，涵盖从市场调查预测到营销战略设计、到产品生产，再到售后服务的一体化服务模式，由此形成统一的供应链，提供专业系统化的服务。

二、黑龙江省生产性服务业与制造业耦合式发展的机制

黑龙江省两个产业目前均处于发展阶段，无论是市场体制、沟通协调体制还是风险管控体制还尚未健全，且两者难以形成较好的耦合式发展关系，很大程度上制约了黑龙江省经济发展和结构调整升级。当前，必须促进形成黑龙江省两产业的耦合式发展合作机制。

（一）建立生产性服务业市场化机制

改变黑龙江省生产性服务业部分产业垄断色彩浓重、市场公开透明度低、准入门槛过高的现状，需要建立公平、公正、公开的行业准入机制，根据不同产业的发展特点，制定相应的市场准入门槛。合理引导和倡导社会资金投入生产性服务业，激励非国有经济广泛参与生产性服务业发展，创造适合其发展的市场环境、制度环境、行业内部环境和竞争环境。

具体来讲，通过创新体制机制，深化专业化分工，大力发展外包服务业，从需求和供给两侧全面促进生产性服务业的发展；加强对产业发展的统筹规划和宏观调控，简化行政手续及降低或取消部分行政费用；努力完善产业规范化工作，提高整体服务质量和效率；完善行业自律机制，规避由于市场失灵引起的资源浪费；运用税收政策，信贷和其他网点发展基金，支持生产性服务业的发展。

（二）完善制造业与生产性服务业耦合式发展合作机制

1. 完善沟通协调机制

黑龙江省两个产业耦合式发展模式的运行是以各自的企业个体之间的耦合式发展为基础的，企业之间在耦合式发展或者协作的过程中缺乏沟通协调，首先，应建立两者之间的信用平台，并通过这样的一个信用平台，增强企业之间的沟通交流和相互帮助，这是两者良好发展的一个重要前提。其次，应建立两者之间的信息平台，各个企业可以将一些非核心业务的环节外包给其他企业，以培养自己

的核心竞争能力，构建一个良好的信息平台，可以扩展产业关联外包业务，规范市场秩序，促进生产性服务业的规模化、规范化。最后，应构建集聚园区，实行集聚发展强化辐射，增强规模效应。可以构建物流集聚园区、金融服务业集聚园区，综合考虑城市建设、交通、居住、环境等各种因素，实行科学的园区管理、合理规划，形成集聚效应，更好地使两者形成耦合式发展效应。

2. 完善利益分配机制

任何行业经营都会追求利润，黑龙江省制造业和生产性服务业的联合发展也不例外，这两大行业通过联合发展，形成了有利于相互之间共同发展的态势。为了两个企业主体间形成密切的耦合式发展关系，创造双赢的局面，相互之间利益分配的合理化是必要条件，否则会对双方的耦合式发展关系造成冲击，导致未来的合作没有希望，综上所述，对于黑龙江省生产性服务业与制造业，具备完善的利益分配原则是两大产业发挥耦合式发展优势的前提条件。对于这种利益分配原则在制定过程中要公正公开，以获得双方亲身认同以及维护。在利益分配过程中，双方需要灵活协调，建立互信机制，在企业间的合作过程中，应对双方的利益分配过程全程监督与评价，从而构建成透明的利益分配机制，创造起企业间的高度互信，为长期建立耦合式发展关系奠定良好的基础。

3. 完善风险控制机制

黑龙江省两产业耦合式发展模式在运行的过程中，会存在诸多风险，比如财务、法律、信息、管理、道德、技术等风险，尤其是技术风险。制造业发展动力就是创新，而创新需要强大的技术职称，在两个产业的耦合式发展过程中，新产品开发、新技术研发中所涉及的核心技术存在的专利权风险、核心战略泄露的道德和法律风险，以及掌握核心技术的高级技术人员的流失等情况发生的可能，都会对两者的耦合式发展产生影响。同时在两者的耦合式发展过程中，如果彼此的合作企业遭遇了财务危机或经营危机，必然会影响到自身，所以无论是双方企业还是两个产业整体都要在彼此互联互动的过程中，建立完善的风险控制机制，做好风险预测、风险识别、风险规避、风险转移和风险控制的策略，要建立风险控制机制，事先做好风险预测、风险规避以及风险控制策略，尽量规避风险，如果在不可规避的时候尽量转移或者使损失降到最低。

4. 完善人才培养机制

生产性服务是技术、知识密集型行业，人才是其发展的根本动力。要完善人才培养机制，应充分利用发达国家和地区的知识、培养和引进机制信息、资源。在人才培养方面，支持高校、科研院所以及具备企业内部科研创新人才，共同致力于科技服务业、建立对不同层次、不同技术创新服务人才培训基地以及对专业的技术创新服务人员进行有针对性的培训。实现企业和高校及职业院校之间的双对接，加强企业员工生产技能和服务技能，以及高级技术技能的培训。鼓励全社会投身于发展教育和人才培养的事业中来，支持社会公众力量广泛参与和支持高等教育、成人教育和职业专门技术教育等。

三、黑龙江省生产性服务业与制造业耦合式发展的制度安排

1. 建立健全法律制度

法律制度是两产业耦合式发展的根本性保障。然而，目前我国相关法律对两者的耦合式发展普遍缺乏针对性的法规，立法的层次低，违法成本低，法规缺乏精细化，很多相关法律法规还达不到国家法律层面，缺乏全面性和规范性。因此，我国应从宏观层面上健全完善两产业耦合式发展领域的相关法律制度，从而加强对两者耦合式发展的法律制度保障，应做好以下两点：

一是要加强社会主义法制建设，建立健全各类法律法规，尤其是制造业与生产性服务业发展及其耦合式发展具有密切关联关系的法律法规，如知识产权法等，促进耦合式发展系统内技术等要素的涨落。

二是要通过立法方式进一步改革两产业的产权和专利制度，实现相关耦合式发展主体产权的分散化和多元化，允许多元化资本进入制造业与生产性服务业领域，以增强耦合式发展系统的开放性。

2. 完善政府调控制度

政府的宏观调控是两产业能否能够耦合式发展的重要主导因素，也是重要的外部条件。政府的经济型管制是形成两大产业进入壁垒的主要原因，只有放松价

格准入、市场准入、技术准入在内的管制才能真正地为两产业的耦合式发展营造宽松和自由的市场环境。为了制造型企业在国内外市场上更具有竞争优势，赢取更多的市场份额，需要取消或者降低对资本、价格、技术等各方面的准入标准，为两者的耦合式发展创造比较宽松的政策和制度环境。

同时，制造业与生产性服务业耦合式发展管理制度是两个主体根据耦合式发展系统目标、要素特征和系统环境等因素制定，用以约束耦合式发展系统成员行为的各规章制度集合。制定并推行制造业与生产性服务业耦合式发展的调控管理制度，可以有效地保证两大产业耦合式发展过程中各项管理和组织活动的顺利进行，规范耦合式发展系统中各控制变量的涨落情况。制定制造业与生产性服务业耦合式发展的管理制度应本着统一化、规范化和常态化的原则，对耦合式发展系统中的各要素加以引导和约束，建立系统化的管理度体系，使耦合式发展系统的所有管理活动都有章可循、有法可依。

3. 调整税收制度

减少从业人员的个人所得税。生产性服务业作为制造业重要的需求来源，其科技含量较高，因此对高端人才的需求也较为旺盛，因此往往对从业人员的薪资负担较重。然而，目前的个人所得税政策缺乏针对性和差别性，从业人员和公司税负过高并有重复缴税的现象，这对生产性服务业企业吸引高端技术或经营管理人才是很不利的。要解决这一问题，可以对科技创新贡献大、服务质量高，以及对制造业的产业链升级和结构调整有较大推动作用的高级技术知识型生产性服务业，实行一定数额或比例的税收优惠政策税，对于其从业人员特别是有突出贡献的高级技术人员也可适当减少其个人所得税。

开展生产税的减税。减税带来的生产提升和技术创新效应也是全面的。在实行制造业和生产性服务业全面减税的同时，加大在某些方面的更大的减税支持力度，运用与技术进步因素的交叉影响来放大改善的效果。加大技术改造和技术革新项目的减税和退税力度，实行技术开发基金税前列支、投资抵免等方式鼓励企业提高技术水平，充分发挥税收政策的激励效果。

差别性降低关税。关税的影响呈现差异化趋势，降低关税有利于技术传导的提升，但对增加值效率和产业链效率都有不利影响。所以针对属于技术引进的进口货物降低关税，而对于其他类别的货物保持原有关税不变。

4. 构建耦合式发展监督—评价—反馈制度

耦合式发展监督—评价—反馈制度是实现黑龙江省两产业按既定耦合式发展战略发展的重要保障。构建两产业的耦合式发展监督—评价—反馈制度的重点包括三个方面：一是耦合式发展监督体系的构建，二是耦合式发展评价体系构建，三是耦合式发展监督及评价结果反馈机制的构建。

构建耦合式发展监督—评价—反馈制度应以信息化为基础，以提高其敏捷程度。首先通过对制造业与生产性服务业耦合式发展过程及效用的实时监督和及时评价，准确把握两大产业的耦合式发展状况。在此基础上，通过耦合式发展系统的信息网络向相关耦合式发展主体及支持性机构及时反馈相关信息及评价结果，并对两大产业的耦合式发展进程进行适当的调整或修正，以保障两大产业耦合式发展的顺利进行。

参考文献

[1] Czarnitzkid Z, Ehersberger B. Do Direct R&D Subsidies Lead to the Monopolization of R&D in the Economy [J] . ZEW Discussion, 2012 (3): 50 – 71.

[2] P Guerrieri, V Meliciani. Technology and International Competitiveness: The Interdependence between Manufacturing and Producer Services [J] . Structural Change and Economic Dynamics, 2012 (16): 489 – 502.

[3] Yusuf, Shahid. Innovative East Asia: The Future of Growth [M] . Washington: D. C. World Bank, 2011: 127 – 139.

[4] Tine J M. Manufacturing and Services: From Mass Production to Mass Customization [J] . Journal of Systems Science and Systems Engineering, 2011, 20 (2): 129 – 154.

[5] Paolo G. Valentina M. Technology and International Competitiveness: The Interdependence between Manufacturing and Producer Services [J] . Structural Change and Economic Dynamics, 2011, 9 (5): 201 – 215.

[6] R Franke, P Kalmabach. Structural Change in the Manufacturing Sector and Its Impact on Business – related Services: An Input – Output Study for Germany [J] . Structure Change and Economic Dynamics, 2011 (16): 122 – 134.

[7] W Coffey, A Bailly. Producer Services and Systems of Flexible Production [J] . Urban Studies, 2011, 29 (3): 857 – 868.

[8] Lundquist J, Olander L. Producer Services: Growth and Roles in Long – term Economic Development [J] . The Service Industries Journal, 2010, 28 (4): 463 – 478.

[9] Francois, Woerz. Producer Services, Manufacturing Linkages, and Trade

[J] . Journal of Industry, Competition and Trade, 2008 (8): 199 -229.

[10] Hutton T A. Service Industries, Globalization, and Urban Restructuring Within the Asia - Pacific New Development Trajectories and Planning Responses [J] . Progress in Planning, 2006 (61): 16 -21.

[11] Paolo G, Valentina M. International Competitiveness in Producer Services [R] . Paper Prepared for the SETI Meeting in Rome, 2003: 12.

[12] M Eswaran, A Kotwal. The Role of Service Sector in the Process of Industrialization [J] . Journal of Development Economics, 2002, 68 (2): 401 -420.

[13] Klodt. Structual Change Toward Services: The German Experience University of Birmingham [J] . IGS Discussion Paper, 2000 (10): 8 -15.

[14] Rowthron R, Ramaswamy R. Growth, Trade and Deindustrialization [J] . IMF Staff Papers, 2000, 46 (1): 18 -41.

[15] Fixler D J, Siege D. Outsourcing and Productivity Growth in Services [J] . Structural Chang and Economic Dynamics, 1999, 10 (2): 177 -194.

[16] J R Markusen. Trade in Producer Services and in Other Specialized Intermediate Inputs [J] . American Economic Review, 1997 (42): 34 -53.

[17] Daniels. P W, Services Industries [M] . Great Britain: Cambridge University Press, 1995: 18.

[18] Hansen N. Do Producer Services Induce Regional Economic Development [J] . Journal of Regional Science, 1990 (4): 27 -36.

[19] P O'Farrell, D Hitchens. Producer Services and Regional Development: A Review of Some Major Conceptual Policy and Research Issues [J] . Environment and Planning, 1990 (22): 1141 -1154.

[20] J F Francois. Producer Services, Scale, and the Division of Labor [J] . Oxford Economic Papers, 1990 (42): 715 -729.

[21] N Hansen. Do Producer Services Induce Regional Economic Development [J] . Journal of Regional Science, 1990, 30 (4): 465 -476.

[22] S Cohen, J Zysman. Manufacturing Matters: The Myth of the Post - Industrial Economy [M] . New York: Basic Books, 1987: 12, 27.

［23］ Riddle. Service－led Growth：The Role of the Service Sector in the World Development［M］. Praeger，1986：36.

［24］ Castellani D，Meliciani V，Mirra L. The Determinants of Inward Foreign Direct Investment in Business Services across European Regions［J］. Regional Studies，2016，50（4）：671－691.

［25］ Cohen S，Zysman J. Manufacturing Matters：The Myth of the Post－industrial Economy［M］. New York：Basic Books，1987.

［26］ Damijan J，Haller S A，Kaitila V et al. The Performance of Trading Firms in the Services Sectors－Comparable Evidence from Four EU Countries［J］. The World Economy，2015，38（12）：1809－1849.

［27］ Eswaran M，Kotwal A. The Role of Services in the Process of Industrialization［J］. Journal of Development Economics，2002，68（2）：401－420.

［28］ 匡贤明. 工业转型升级关键在于生产性服务业［J］. 金融经济：上半月，2015（7）：12－14.

［29］ 刘洁，李雪源，陈海波. 中国生产性服务业与制造业融合发展的行业差异［J］. 中国科技论坛，2015（2）：11－12.

［30］ 刘伯超. 装备制造业与生产性服务业互动模式与发展路径研究［J］. 价值工程，2015（2）：33－35.

［31］ 陈赤平，李青松. 湖南省生产性服务业与制造业互动发展研究［J］. 湘潭大学学报（哲学社会科学版），2015（1）：27－28.

［32］ 倪红福，夏杰长. 区域生产性服务业发展水平、结构及其与制造业关系研究［J］. 山东财经大学学报，2015（1）：25－27.

［33］ 余大杭，蔡经汉. 福建省制造业与生产性服务业集聚水平互动研究［J］. 科技与产业，2015（1）：16－17.

［34］ 王佳元. 服务业与制造业融合发展的趋势［J］. 中国经贸导刊，2014（33）：4－7.

［35］ 路红艳. 生产性服务业参与制造业结构调整的市场化路径选择［J］. 商业时代，2014（15）：23－25.

［36］ 张丽丽. 我国服务贸易对制造业国际竞争力影响的实证分析［D］.

山东财经大学，2014.

［37］刘盛．黄石市生产性服务业发展问题研究［J］．湖北师范学院学报（哲学社会科学版），2014（5）：34－35.

［38］李勇，李元雪．安徽省生产性服务业发展问题研究［J］．淮南师范学院学报，2014（3）：8－10.

［39］王波．沈阳市生产性服务业发展的路径选择［J］．沈阳师范大学学报（社会科学版），2014（3）：21－23.

［40］袁卉姝．我国生产性服务业发展的路径选择［J］．经营管理者，2014（22）：12－13.

［41］曹亚军．服务业 FDI 对我国产业结构升级的影响分析［D］．西南财经大学，2014.

［42］刘璐．广西生产性服务业发展能力研究［D］．广西大学，2014.

［43］黄志宇．FDI 对我国生产性服务业集聚影响的研究［D］．厦门大学，2014.

［44］席芳沁．全球价值链下我国生产性服务业发展研究［D］．天津商业大学，2013.

［45］张世贤．分工、互动与融合：服务业与制造业关系演进的实证研究［J］．中国软科学，2013（10）：65－76.

［46］綦良群，李庆雪．装备制造业与生产性服务业互动发展机理研究［J］．科技与管理，2013（2）：49－52.

［47］曾春水．京津冀城市群城市规模等级与服务业发展差异［D］．首都师范大学，2013.

［48］朱培培．北京市生产性服务业与现代制造业互动关系研究［D］．北京：北京工业大学，2013.

［49］席芳沁．全球价值链下我国生产性服务业发展研究［D］．天津商业大学，2013.

［50］陈欢欢．新疆现代服务业主导行业选择研究［D］．新疆财经大学，2013.

［51］杨海珊，王金历．黑龙江省生产性服务业高端化发展研究［J］．商业

经济，2013（3）：50－55.

［52］黄锦华．广西生产性服务业发展的现状与思路［J］．知识经济，2013（10）：19－21.

［53］邱灵，方创琳．北京市生产性服务业空间集聚综合测度［J］．地理研究，2013（1）：99－110.

［54］韩涌．辽宁省生产性服务业和装备制造业融合发展的对策浅析［J］．企业导报，2013（17）：16－17.

［55］刘晓晟．株洲市生产性服务业发展现状及对策研究［J］．企业研究，2012（22）．

［56］李柯佳．沈阳市生产性服务业多中心治理研究［D］．辽宁大学，2012.

［57］李兵，朱天星．辽宁生产性服务业与装备制造业互动发展研究［J］．辽宁经济，2012（1）：48－49.

［58］方丹，李江蛟．常州市现代服务业主导产业发展的对策研究［J］．现代商业，2012（12）：51－52.

［59］陈晓峰．生产性服务业与制造业互动融合：特征分析、程度测算及对策设计（基于南通投入产出表的实证分析）［J］．华东经济管理，2012（12）：36－42.

［60］高慧，杨嫩晓．对加快陕西省生产性服务业发展的思考［J］．现代经济信息，2012（9）：41－42.

［61］王浩．关于推进我市生产性服务业发展的对策研究［J］．大连干部学刊，2012（9）：2－3.

［62］李博，韩增林．基于投入产出法的大连市生产性服务业与制造业互动研究［J］．地理科学，2012（4）：54－59.

［63］郑文军，冯天，刘毅．基于动态匹配观点的低壁垒集群扶持策略研究［J］．科技管理研究，2011（20）：8－10.

［64］董晶晶．大连生产性服务业与制造业互动发展研究［D］．大连：辽宁师范大学，2011.

［65］周振华．现代服务业发展：基础条件及其构建［J］．上海经济研究，

2011（9）：21－29.

［66］周鹏，余萍珊．生产性服务业对制造业空间布局升级贡献度的实证研究［J］．东南大学学报，2011（5）：14－18.

［67］刘志彪．发展现代生产者服务业与调整优化制造业结构［J］．南京大学学报，2011（5）：47－55.

［68］吕传波．东北地区生产性服务业与制造业互动发展的对策［J］．黑龙江对外经贸，2011（10）：100－103.

［69］侯红昌．河南生产者服务业与制造业协同发展研究——基于 VAR 模型系统分析［J］．地域研究与开发，2011，30（4）：46－50.

［70］欧清铭．生产性服务业发展趋势探析［J］．商场现代化，2011（2）：14－16.

［71］杨丽伟．上海发展生产性服务业对策研究［J］．现代商贸工业，2011（2）：21－22.

［72］程大中．生产者服务论——兼论我国服务业发展与开放［M］．上海：文汇出版社，2011.

［73］梁婧．生产性服务业与制造业融合发展的中美对比［N］．中国经济时报，2017－07－03.

［74］刘书瀚，张瑞，刘立霞．我国生产性服务业和制造业的产业关联分析［J］．南开经济研究，2010（6）：65－74.

［75］喻春娇，郑光凤．湖北省生产性服务业与制造业的互动发展程度分析［J］．经济地理，2010（11）：1859－1864.

［76］张小兵．论生产性服务业与制造业的互动和融合［D］．南昌：南昌大学，2008.

［77］宋马林．国内各地区生产性服务业竞争力评价研究［J］．安徽商贸职业技术学院学报，2008，7（25）：25－27.

［78］高传胜，李善同．我国生产者服务：内容、发展与结构——基于我国 1987～2002 年投入产出表的分析［J］．现代经济探讨，2007（8）：7－8.

［79］钟韵，门小培．西方地理学界关于生产性服务业作用研究述评［J］．人文地理，2005（3）：12－18.

［80］顾乃华．生产服务业、内生比较优势与经济增长：理论与实证分析［J］．商业经济与管理，2005（4）：34－39.

［81］贾玉巧．生产性服务业与制造业如何融合发展［EB/OL］．人民论坛网，2017－11－21.

［82］余沛．河南省生产性服务业与制造业耦合协调度分析［J］．统计与决策，2017（9）：111－113.

［83］顾乃华．生产性服务业对工业活力能力的影响和渠道——基于城市面板数据和 SFA 模型的实证研究［J］．中国工业经济，2010（5）：48－58.

［84］江静，刘志彪，于明超．生产者服务业发展与制造业效率提升——基于地区和行业面板数据的经验分析［J］．世界经济，2007（8）：52－62.

［85］凌永辉，张月友，沈凯玲．生产性服务业发展、先进制造业效率提升与产业互动——基于面板联立方程模型的实证研究［J］．当代经济科学，2017（2）：62－71.

［86］何强，刘涛．我国生产性服务业与制造业协同发展研究［J］．调研世界，2017（2）：3－9.